百年老店

老店的诞生

韩国KBS《百年老店》制作组 著
陈钰 译

华中科技大学出版社
http://www.hustp.com
中国·武汉

图书在版编目（CIP）数据

百年老店：老店的诞生/韩国 KBS《百年老店》制作组著；陈钰译．
—武汉：华中科技大学出版社，2014.5
ISBN 978-7-5609-9694-3

Ⅰ．①百…　Ⅱ．①韩…　②陈…　Ⅲ．①老字号-介绍-韩国
Ⅳ．①F279.312.6

中国版本图书馆 CIP 数据核字（2014）第 117376 号

湖北省版权局著作权合同登记 图字：17-2014-135号

백년의 가게——노포의 탄생 100 Years of the Shop-The Birth of an Old Shop
Licensed by KBS Media Ltd.
Copyright © 2013 KBS
All rights reserved.
Simplified Chinese Copyright © 2015 by Huazhong University of Science and Technology Press Co.,Ltd.
Simplified Chinese language edition arranged with SAMTOH PUBLISHING CO., LTD through Eric Yang Agency INC.

百年老店：老店的诞生　韩国 KBS《百年老店》制作组　著　陈钰　译

策划编辑：	罗雅琴
责任编辑：	董　晗
装帧设计：	傅瑞学
责任校对：	九万里文字工作室
责任监印：	周治超
出版发行：	华中科技大学出版社（中国•武汉）　电话：（027）81321913
	武汉市东湖新技术开发区华工科技园　邮编：430223
录　　排：	北京楠竹文化发展有限公司
印　　刷：	北京联兴盛业印刷股份有限公司
开　　本：	880mm×1230mm　1/32
印　　张：	10.25
字　　数：	187 千字
版　　次：	2016 年 12 月第 1 版第 2 次印刷
定　　价：	38.00 元

本书若有印装质量问题，请向出版社营销中心调换
全国免费服务热线：400-6679-118，竭诚为您服务
版权所有　侵权必究

| 发刊词 |

超越感动的纪录片——
KBS《百年老店》

《自愿又愉快的219600小时》是捷克布拉格一家名为"乌·卡利哈"的餐厅老板法贝尔·托普勒所写的自传。

面对从事了一辈子的餐厅工作,能够用"自愿又愉快"来形容的人让我们感觉新鲜异常。世界上所有人在生活中都会经历艰难困苦,我们觉得只有全身心地去迎战这些困苦的人,才会选择这样的词语来表述。这种对自己的工作全身心投入且拥有自豪感和成就感的工匠展现出的悠然自得的心态让人好生羡慕。

在KBS播放的《百年老店》节目中,每集都能让我们结识乐趣非凡的工匠。2011年1月9日,我们以《百年企业》为题开始拍摄,后改名为《百年老店》,到2013年1月20日,共播放了99集,介绍了世界116个国家和地区的店铺,真的是一段颇为珍贵的经历。

《百年老店》最初策划时立足于对细小之处的重视。经过现代历史曲折的发展，如今韩国也开始出现了百年老店，虽然大多数店铺规模还比较小，但这些店铺在各自的领域都占据领先的地位，拥有强烈的自豪感。因此，制作组秉持着希望通过节目的播出能够诞生出更多百年老店的心愿，走访了遍布海内外的百年老店，旨在期望韩国的中小企业也能够发展壮大。

在制作节目的过程中，我们关注了以下几个焦点：

第一，努力为观众朋友们呈现"百年历史"的分量。不管是大企业还是小店铺，都无法磨灭时代的印迹，因此，我们仔细考量了这些店铺是如何应对时代发展和变化的。

第二，不管公司的产品是什么，我们都仔细观察了它们的制作过程,从原材料的供应,到生产工序的最后一个环节,我们认真记录了每一个步骤,因为我们认为在一些意想不到的地方能够找到经过多年经验积累的智慧和诀窍。

第三,我们试图了解公司的运营系统,包括公司内部的沟通过程、针对人员的管理等内容。经历一百年的岁月存留至今,这其中必然有其独到的经营之道。根据拍摄对象的不同,有些可能会强调产品的历史性,有些则会以制作过程为核心内容。

最后就是去了解"人",不管是采访中的一句话,还是打磨产品的一个小小的指尖动作,都让我们感受到生活的艰辛,店员长满老茧的手指、磨损的指甲等都是最好的见证。我们努力用这些无须语言描绘的视频更真实地传达他们的感受。

现在将《百年老店》的内容编纂成书呈现在读者的面前，让我们觉得颇为欣慰，这让我们反思节目存在的不足，也让我们心生敬畏。我亲眼见证了节目制作组的每个人都在各自领域中竭尽全力地完成任务。我们也真心希望通过这本书将节目所传递的感动再一次感染读者，使他们长久铭记。

KBS《百年老店》总监制李鹤松

| 推荐词 |

在韩国收获开店的成功

每一天都会有无数的店铺消失又出现,听说韩国私营业主的比率超出 OECD 国家平均值的两倍,眼见着大伙纷纷扎堆创业,被称为绝对能赚钱的"餐饮生意"现如今也和人们火红的希望相距甚远。不久前我曾在新闻中看到一篇报道,上面说经营超过 20 年的餐饮店寥寥无几,问题到底是出在哪里呢?

当然有不少店关门大吉的原因是出自外因(昂贵的租赁费、商圈的重复等),但我认为还有一个很大的原因在于这些店铺没有差别,未能体现出专属于自己店铺的特色。

"小伙家蔬菜店"怎么样呢?当很多人询问我们成功的秘诀时,我们都会说是坚守原则和维护价值。

那便是努力做到"小伙家蔬菜店的品质不会差"这一最高品质要求,大家都相当于是店铺的主人,店员之间保持着如家人一般的纽带关系。

我用拉卡车卖菜攒的钱开了"小伙家蔬菜店",转眼也已经过了15年,想要赶上《百年老店》这本书中所说的店铺,还有很远的距离,而且我也无法保证自己真的能够走到那么远,但我在此书中再次获得了力量,重新收获了自信,确立了全新的目标。

虽然所谓的一百年时间是象征性的,但对于经营着生意和事业的人来说,这是超越了物质成功,获得至高自信与荣誉的标志,从某种意义上讲,那简直就是超越畅销书而成为经典,实现了事业上超越时代的价值。

成为梦想中的百年老店的条件是诚恳用心!

《百年老店》有趣地展示了全世界长寿店铺所拥有的经营秘方,从著名旅游景点的餐饮店,到作为所在国家所在城市的象征代代相传的长寿店铺,再到工匠指尖所绽放的价值超越文化意义的长寿店铺……

这些店铺出售丰富多样的饮食、物品和服务，但令人惊奇的地方就在于它们拥有相似的美德和价值观念，这和"小伙家蔬菜店"一直以来践行的以及日后依然要保留的美德并无二致，这便是在店铺经营上"诚恳用心"。虽然有细微的差别，但百年老店忠于最为基本的品质，并且认为人就是店铺，就是企业，正是因为我在实际经营"小伙家蔬菜店"的过程中领悟到了经营核心，所以《百年老店》中所记录的长寿店铺的经营秘方让我更加有感触，"诚恳用心"总有一天会传递出去。

通常被称为"老店"的长寿店铺在韩国非常少见，因为韩国战争的爆发，不少家业的传承被迫中断，而随着产业化的加速发展，不少老店也消失陨落。我绝不怀疑，等到社会走向安定和发展，韩国也会出现不胜枚举的长寿店铺。

相信对读者们而言，这本书会是一个不错的机会，让大家有机会梦想打造出超越"小伙家蔬菜店"的属于自己的店铺，能在韩国这片土地上走遍书中各地的人只是极少数，所以阅读此书的你我之间的距离并没有想象中那么大，我也梦想着打造出百年老店，但可以肯定的是，我们任何人都可以梦想着打造自己的百年老店。

而且就算各位读者志不在经营创业，我也很想告诉大家，这本书中囊括了各国丰富又珍奇的文化，这些宝贵的经验值得大家去阅读了解，这是本收集了全世界最了不起的店铺的书，所以希望大家不要错过。

李永锡（"小伙家蔬菜店"代表）

| 序言 |

百年老店，寻找其中的秘诀

在韩国，虽然普遍认为企业的平均寿命为 30 年，但不到 5 年就关门大吉的企业并不在少数。根据现代经济研究院的统计，韩国自主创业的企业中，10 个中就有 6 个在 3 年内关门歇业。如今，找不到工作的年轻人和已经退休的中年人都纷纷涌入了创业市场，但看看我们周围，不到一天的工夫就改换招牌的店铺屡见不鲜。有不少人追随流行草率开业，又希冀短期内能够收获成功却只得草草收场，但这个世界上还存在着很多经营了 100 年，甚至经营了数百年的企业，那他们的秘诀到底是什么呢？

KBS 的优秀科教节目《百年老店》的人员走访了日本、中国、美国、德国、西班牙、法国等 16 个国家，寻找隐藏在各地的"百年老店"。从 2011 年 11 月 13 日开始，我们在节目中共播放了 49 个国家和地区的百年店铺。长寿店铺的继承者们，将自己店铺的独道之处和传家之宝公开于镜头前，并用历代祖先传承下来的经营秘诀，努力维系着老店的发展。

  这些店铺都有着自己独特的历史、文化和个性，竞争力非同一般。经过岁月积淀的技术、只追求最高品质的精神、坚持不断的革新等，这些他们所共有的竞争力正是造就了长寿店铺的条件。

  这些长寿店铺的经营哲学或方式并没有什么特别的不同之处，只不过他们彻底地坚守着我们一直以来忽视或容易忘记的最为基本的东西——用优质的材料制作优质的产品并诚心诚意地提供服务，这是任何人都知晓的常识。所以即便询问他们究竟有什么秘诀，得到的回答也都是没有特别的秘诀，但这句话中却暗藏特别之处，那就是不心存侥幸，只忠于基本。

  长寿店铺一直以来坚守传统、出售优质的产品，消费者们通过长寿店铺的产品享受到了文化传承所带来的好处。如此，制造传统的人和购买传统的人通过沟通，为长寿店铺的存在价值增添了更加夺目的光芒。

另外，在他们的经营哲学中一定会出现的就是对人的重视，他们注重人才的培养和基本技能的训练，尊重工匠。

我们把难以轻易听说或轻易看到的世界长寿店铺，将在节目画面中未能全部收入的内容汇总整理，编纂成此书。

《百年老店：老店的诞生》秉持着"俘获全世界的百年老店在任何地方都行得通"的信念，辗转亚洲、欧洲和美国等11个国家和地区，寻找了20个"老店"。通过此书，读者能够看到那些俘获世界各国人的味蕾、承载历史和艺术感的鲜活、个性鲜明的百年老店隐藏的故事。我们相信这些故事并不是单纯讲述老店生意兴隆，收入颇丰的故事，而是能够在人的层面和人生问题上让大家产生共鸣的故事。

短则百年，长则千年，这些跨越了漫长岁月，如今依然在勤恳地书写着新历史的长寿店铺是如何在时代的变迁、激烈的竞争中坚守自己的一席之地的？时代瞬息万变，在无数的危机中，他们又是如何毫不动摇地保留了自己的原貌？在世界各国扎根的这些长寿店铺，现在就来告诉你原因何在。

| 目录 |

发刊词｜超越感动的纪录片——KBS《百年老店》
推荐词｜在韩国收获开店的成功
序言｜百年老店，寻找其中的秘诀

第一章　俘获世界人味蕾的百年老店

用心的纽约美味　美国传统牛排屋　老宅·4
充满幸福的灵动巧克力　法国手工巧克力店　伊尔森热·18
保留100年前原样的浪漫　捷克传统餐厅　乌·卡利哈·32
融化世界的甜美　土耳其甜点店　卡拉柯伊·奎柳乌鲁·48
为老顾客所坚守的美味　日本点心名店　千秋庵总本家·62
546年传统的还原　捷克传统啤酒屋　乌·迷得维库·76
占领纽约的意大利美味　美国甜点店　凡尼艾洛·90

第二章　传递历史和鲜活艺术感的百年老店

传递真心之风　日本扇子名店　宫胁卖扇庵·106
世界上独一无二的鞋子　奥地利皮鞋名店　鲁道夫·谢尔·120
坚守岁月的痕迹　意大利手工皮包名店　博约拉·134
从大自然中收获的105年的浓郁香味　法国天然肥皂店　欧巴·拉朵·146
梦想成为天下第一墨　中国传统墨厂　胡开文墨厂·160
充满希望的100年的火光　西班牙蜡烛公司　塞拉斯·罗拉·176

第三章 个性鲜明的百年老店

用与自然的和谐打造出的顶级物品　葡萄牙红酒软木塞厂　**阿莫林** · 192
传统手工吉他的挑战和革新　美国吉他名店　**马丁吉他** · 208
靠充满个性的设计取胜　意大利手工雨伞　**马里奥·塔拉里科** · 224
靠传统领先时代的触感　德国领带名店　**埃德索尔·克鲁内** · 240
靠革新传承的千年传统　日本铸造名厂　**传来工房** · 256
102年岁月打磨出的红色香味的秘密　法国橡木桶名厂　**弗朗索瓦·弗雷尔** · 272
创造出无限光芒的玻璃　美国花窗玻璃　**科克摩乳白玻璃** · 290

| 后记 | 为什么韩国的店铺不能传承100年？· 306

备注：
　　本书中提及的各店铺的创业年份和历史都以KBS《百年老店》播放时（2011至2013年）的信息为标准。

百年老店
老店的诞生

- 老宅
- 伊尔森热
- 乌·卡利哈
- 卡拉柯伊·奎柳乌鲁
- 千秋庵总本家
- 乌·迷得维库
- 凡尼艾洛

第一章

俘获世界人味蕾的
百年老店

用心的纽约美味

美国传统牛排屋
老宅

"正是因为顾客了解之前在这里所品尝过的味道,所以在进行全新尝试时需要足够多的时间慢慢进行。"

——老宅第四任老板格雷格·谢瑞

位于纽约曼哈顿的"老宅"

🏠 纽约曼哈顿的肉库区(Meatpacking District)是当今年轻人的流行地带,是纽约的潮人和社交名流们聚集的中心,美剧《欲望都市》的主人公们,身穿华服尽情享受夜晚生活的街道背景就是这里。

可是在20年前,这里更为出名的是屠宰肉加工一条街。随着屠宰业者的逐渐离开,这一地区也发生了改变,但街道仍然保留着这段历史。只要是在纽约开餐厅的人,都曾来这里买过肉,不少人从美国各地而来。在纽约,人们普遍认为牛肉的部位不同,牛排的品质也会有所不同,这里就是可以找到最高品质牛肉的地方。

位于肉库区中心地带的餐厅"老宅"(Old Homestead),是一家开业于1868年的历史悠久的牛排屋,老宅出售任何地方都品尝不到的"会在嘴中慢慢融化"的纽约传统牛排。这里的牛排普通工作日的销量高达 200 份；不仅是纽约当地市民，在游客中也是备受认可的纽约招牌，厚实的牛排肉乍一看并没有什么特别之处，这其中到底隐藏着什么秘密呢？

怀揣着历史的自豪感

老宅的牛排中蕴含着长期以来积攒的无数秘诀，其中最重要的就是传承了 100 年的自豪感，这份经历了世纪传承的自豪感并没有让老宅自恃过高，反倒是使它变得更加珍惜传统，坚持不懈地去钻研。员工们将自豪感传递给了顾客，经过岁月的洗礼，老宅所供应的牛排承载着店铺经历过的 144 年的岁月。

在众多菜式中，格雷格老板推荐的菜品，当数用牛腰部的里脊肉所制作的"西冷牛排"（Sirloin Steak）。烹制时不能让肉里面太熟，就算不沾酱料直接吃，也能品尝到肉质的鲜美。在这个传统牛排屋，牛排不浇任何酱料，而是让大家可以直接品尝到肉本身的滋味。牛排肉质柔和，不用力就能轻松切开，切开肉的那一刹那会有丰富的肉汁四溢。格雷格老板说，这道牛排自从老宅创立的 1868 年开始就一直在菜单上。

"这就是我们的历史，只要我在这个位子上一天，这道菜就绝对不会从菜单上消失。"

而让老宅引以为荣的菜肴之一，就是混合美国产的黑牛牛颈肉和嫩里脊肉所制作而成的"日本神户牛排堡"（Kobe Burger）。店里自 1988 年开始引进日本产牛肉，这道菜刚一面世就在整个美国引起了轰动，当时的售价高达 125 美元，一度被大众称为疯

和店铺共同谱写历史的"西冷牛排"

狂的价格。《纽约时报》的食评家布莱恩·米勒品尝过日本神户牛排堡后,直言这是自己吃过的最棒的牛排。从那时起,格雷格老板开始限量制作牛排,只向预约的顾客供应。

虽然售价高达约15万韩元(折合人民币860元左右),但这款菜品却并没有太大的利润可言,因为食材成本就占据了售价的一半以上。坚持不懈的研究开发是老宅一贯的经营策略,20年前的日本神户牛排堡现在的售价为41美金,这是因为使用了本国产的牛肉,将价格降低到原来的三分之一。

自1868年创店以来,这家店一直是谢瑞家族传承的家业,在过去的144年岁月中,这里承载着家族的历史。这里秉持着传统牛排店的信念,这是引领老宅发展的真正的力量。小罗伯特·肯尼迪、唐纳德·特朗普、让·雷诺等名人都很爱来这里。

经营餐厅的斯科特·柯南特表示，只要是想开牛排店的人，为了获得创意和灵感，都会来这个历史悠久的地方一趟。来这里并不是为了单纯地学习制作美食，而是感受这里特有的氛围以及对待顾客的态度。对于餐厅而言，氛围、食物的味道、服务都需要做到完美无缺，只要有一点闪失，顾客立刻就能看出来。这是老宅多年来保持成功的秘诀，也是众多人将其奉为成功楷模的原因。

顶级中的顶级牛肉

"老宅有四种重要的食物，第一是牛肉，第二也是牛肉，第三还是牛肉，第四依然是牛肉。"

格雷格老板每个月会晚来店里两三次，他用这个时间去造访位于长岛的屠宰工厂，到供货商那里确认肉质，这是老板工作中最为重要的事情。如果食材不够好，绝对做不出美味的牛排，这就是代代传承下来的老宅哲学。

老宅现在共有三个肉类供货商，之所以不将交易的供货商定为固定的一处，是因为一旦供货方和收货方放松警惕，就无法获得优质的肉。格雷格老板对肉的检查工作进行得彻底又细致，首先要检查肉的颜色、花纹以及脂肪是不是过多，他曾说："不想花钱买脂肪"；另外，他还要确认重量是否在他想要的20磅（约9千克）和24磅（约11千克）之间，所以对于供货商而言，老宅可谓是个非常挑剔的客户。

只要有一项不符合条件，当天的交易就会取消。"优质食品批发店"的老板鲍勃·马克说:"格雷格总是想要顶级中的顶级","对我们来说,他是最为重要的客户,如果进到了顶级品质的肉,我们就会将其中最优质的部分供应给他"。他们总会将

彻底的肉类检查工作

供应给格雷格老板的肉放在第一位,再考虑将剩下的肉出售给其他客户。

格雷格老板已经提前在这里订购了三周用量的肉,肉类需要精细的加工,屠宰结束后,要进行剔骨工作,之后按部位划分的肉,会在空气中放置三到四天进行催熟。催熟最重要的条件就是温度和湿度,贮藏室里会常年保持在华氏34度(摄氏1.1度)、湿度70%的状态并营造出没有细菌的环境。经过这个过程,肉质会比屠宰后柔软两倍。

另外,虽然是提前预订了的,但实际使用时每天只收取当天出售的肉量,这也是为了维持肉的新鲜度。每天早上取回来的肉块都会由总厨师长奥斯卡·马迪尼斯一一检查,如果肉质不够好,就会立刻送回去。正是因为这些肉是花大价钱买回来的,所以需要对肉质是否精良进行确认。

检查结束后,他们会根据里脊和嫩里脊等菜单中的各个菜式,将肉切好备用,这是在正式开门营业之前最先要完成的事

情。开门营业之前，冷藏室内会填满最顶级的肉，总共约 300 人的分量，这些量将会在当天晚餐时段全部售出，但如果预约过多，也可能会不够用。

在这里大家都是一家人

144 年来，以一如既往的姿态保持着纽约风味的牛排名店老宅历经沧桑，其室内装潢也充满了古风古色的氛围。这里并不只有牛排，还有着数十年如一日坚持来店的顾客，也有着以不变的姿态迎接他们的员工。

每天晚上 5 点到 12 点，如果不提前预约，是很难在店里订到位的，客人还包括了许多 25 年、30 年之久的老主顾。从 20 世纪 70 年代开始，查尔斯·瑞戴尔就跟随作为这里熟客的父亲第一次来到店里，他和这里工作的艾利克斯打招呼的方式就如同是多年好友，他夸赞说，艾利克斯并不仅仅是位优秀的服务员，而且还充满了人性魅力。

艾利克斯表示，自己有不少这种如好友般相处的主顾，多到数都数不清，这样的员工会一辈子坚守在这里，顾客们也会一辈子追随而来。40 年前，和妻子在这里初次约会的塞尔瓦多·博伦现在依然会和妻子一同来这里，老宅并不是个吃一顿简餐就会遗忘的地方，而是个会留下一辈子珍藏回忆的地方。

格雷格老板一天的大部分时间都会在店里三楼的办公室度过，他只负责店铺的整体经营，实际营业的工作全都交给了员工们，这也正是出于他对员工的信赖。虽然店铺看上去很风光，一

第四任老板格雷格·谢瑞

路乘风破浪,但其实也面临过危机的时刻,在克服一个又一个的危机的过程中,他和员工之间的信赖就变得如牛排般深厚。

最艰难的时期就是"9·11"事发当时,整座城市被封锁,店铺也面临关门歇业的状态,格雷格老板说当时是最艰难、最伤心的时刻,因为他只能坐在那里,看着救护车和警车一辆辆地开过。

但是他并没有就此停滞不前,他和厨师长们一起,每天烹饪出一些食物,给参加救灾的警察和消防员们,只要是店里有的东西,他都愿意拿出来和纽约市民一同分享。

当时所面临的危机甚至动摇了店铺的未来,但是并没有一个员工选择离开,格雷格老板叫来了所有的员工,请求大家谅解工资的拖欠发放问题,但员工们依然选择留下来一起工作,格雷格老板也和他的弟弟一起不分昼夜地坚守着店铺。照着这样的经营方式,等到能支付薪水的时候,就开始给员工们发放一些薪水。

万幸的是店里的生意渐渐走上了正轨，虽然那个时期如此的难熬，但对格雷格老板来说，并不算是一段糟糕的回忆。

"作为纽约市民，能够出手帮助那些当时身处困境的纽约人，从我个人的角度而言，这是无上的光荣。"

顾客和员工、老板和员工之间维持着如同家人一般关系的老宅，实际上也是由一家人所组成的，因为其中有很多员工来自相同的家庭。负责蔬菜的胡赛·西梅内斯和负责切肉的约翰·西梅内斯是父子关系，儿子胡赛·西梅内斯表示，和父亲一起工作并没有什么不便之处，反而父亲能帮到自己；服务员弗朗西斯科·伯尼翁甚至和爸爸、妈妈、叔叔一起在此工作。从创业之初，老宅就将家族雇佣作为经营方针之一，员工离职率低的原因也正在于此。

对于组成老宅的员工来说，他们之间的关系远远超出了单纯的工作，这也是引导店里走向成功的秘诀，店里的所有员工都能如家人一般放松工作，这样的环境才是引导老宅发展的最佳竞争力。

这里有长达20至30年的老主顾，而由于该地区人员变化频繁的特点，即便是现在，也依然在持续不断地增加着新顾客。大部分的员工也都已经工作了有20至30年，所以格雷格老板觉得店里的所有人都像是一家人，也希望大家能够一起愉快地工作。

"我们店里的大门对所有人都敞开，我认识所有人的家人和孩子们，也会时常邀请他们来参加我的派对。"

老宅的人事管理和经营哲学可以统称为"家人"这一个词，作为当地社区的一员，他们将纽约市民当成一家人，员工和顾客之间也都认为对方是一家人,有这样的心境,不管面临什么样的危机都不会有所畏惧。

员工个个都是达人

临近开始营业,员工们纷纷加快了最后的准备工作,下午5点,老宅的一天就从这一刻开始了;不到一个小时的工夫,二楼就已经座无虚席了,要是到了周末,来用餐的顾客真的会将店铺塞得水泄不通。周一到周四大概会有150人到250人来用餐,周五、周六大概会有300人到400人来用餐,更多的时候甚至会高达600人。

店门大开的那一刻,坚守厨房阵地的十名员工会一同投入到食物的准备工作中。订单会一次涌入数十份,要准备这么多份菜单的员工手上会忙个不停,从肉、沙拉,再到土豆和炸洋葱圈这种附赠菜品,一份菜单平均要包括三种以上的食物,即便如此,他们还是需要在20分钟内完成整道菜的烹制,并要没有半分闪失地端到顾客的餐桌上。

就算订单再多,也依然能够保持在20分钟内做出完美的菜肴,就是因为厨房内的员工毫无差池地完成了属于自己的工作。员工们非常了解自己的职责,只要总厨师长一声令下,他们就会立刻开始自己的工作,只要集齐各人所准备的菜品,再上菜便好。

最重要的是,平均有20至30年工作经历的熟练员工才是最大的竞争力。胡赛·奥塔李奥已经连续30年负责炸薯条和炸洋葱圈了,在工作的同时,他掌握了一种炸出美味薯条的秘诀,

外脆里嫩

那就是在其中加入西芹、一点盐和胡椒。

今年进入第 21 个工作年头的胡赛·西梅内斯，在自己所负责的沙拉中也注入了多年来所掌握的诀窍，是个十足的蔬菜专家。而专注精肉 33 年的约翰·西梅内斯也着实是这方面的专家。因为超过九成的顾客都是男性，所以肋骨肉他都会切成 900 克，在切肉的重量方面他绝对不会有 1 克的误差。

总厨师长奥斯卡负责烤牛排，将用几代传承下来的秘制调料腌制过的牛肉放在大火烤热的烤架上，烤熟一块牛排所需要的时间是 15 分钟，牛排的味道就取决于火力的大小和牛排煎制的方法。烤制得外脆里嫩，需要先用烤架烤热里层，再用铁盘烤熟外层，这种方法就是老宅为了烤制出最棒的牛排而创造的技术，这样不仅能够保存牛肉里的水分，而且还能保持表皮的松脆。

一口咬下去，外面松脆，而内里肉质嚼劲十足，厚实的肉块中四溢出浓郁的肉汁，肉汁在嘴里回味无穷，食客们享受到了让任何人都为之癫狂的口感。这样的牛排让顾客们交口称赞。在这里，顾客们脸上洋溢着真挚的笑容，描绘着吃牛排是一件多么幸福的事情。

员工们的这些小技巧虽然看着简单，但其实绝对不平常，正是它们成就了老宅的美味。员工们都是各个领域的顶级专家，不管是总厨师长还是老板，谁都无法取代他们的位置。

永无止境的挑战和始终如一的心态

工作年限为 20 年的老员工每周都召开一次菜单品评会，借此机会让大家亲自评出代表性菜肴。想要卖得好，就要了解得够详细，总厨师长正介绍着切成薄片的日式牛肉开胃菜和甜甜的辣味番茄酱，员工们会依次试吃，并各抒己见。

每周老板、总厨师长、经理都会一起进行三次品质测评，在这一时刻，店里出售的所有菜品都会得到再一次的检验。格雷格老板向总厨师长建议，如果能再加点胡椒和盐，应该会更美味。像这样收集各方的意见，会大大有益于厨师做出正确的判断。厨师就是借由这项工作，改善了口味中所欠缺的地方，开发出了全新的美味。最近人气爆棚的迷你汉堡套餐就是从这个过程中应运而生的，总厨师长奥斯卡·马迪尼斯心里非常清楚，这家店虽然历史悠久，现在看来也还生意兴隆，但绝不能因此而掉以轻心。

"在纽约，有着超过 3000 家餐厅，竞争激烈，我们需要用全新的创意和流行来满足顾客，如若不然顾客就会被其他餐厅全新的创意抢走，所以我们绝不能满足于现状，需要时时去发起全新的挑战。"

从纽约出发，驱车三个小时就能抵达大西洋城，在那里拥有约 2000 间客房的大规模观光酒店"百佳塔酒店赌场"（Borgata Hotel Casino）设有老宅的第二家店。这是 2003 年开门营业的第一家分店，当时这家酒店的总裁找到位于纽约的老宅，表明"这里才是牛排屋的标杆"，并将其原封不动地搬到了自己的酒店之中。

过去的一个世纪以来，老宅一直以纽约作为基地，经营分店

午餐特别推荐"迷你汉堡套餐"

对于老宅而言并不是一个简单的抉择，因为从食材的采购到员工的管理，所有的事情都必须从零开始。可是老宅的挑战取得了有目共睹的成功，不仅是牛排的美味，包括员工的服务精神，也都原封不动地从纽约搬到了大西洋城。结果老宅的牛排在大西洋城大获全胜，好评如潮。

对于拥有144年历史的牛排名店老宅而言，支撑起发展的最重要的力量，就是对"传统"的坚持，他们绝对不会改变烹调的方法或食物的质量。

来访的顾客正是知道，只要来这里就能品尝到始终如一的美味佳肴，所以格雷格老板才会说："正是因为顾客了解之前在这里品尝过的味道，所以在进行全新尝试时需要足够多的时间慢慢进行。"

老宅绝不讲求花哨的变化，而是在坚持顾客所期待的传统美味的基础上，静悄悄地准备着变化，既不会停滞不前，也不会超速前行。它就如同是乘坐舒适一流的小汽车，会照顾到乘客的心理，始终以平稳的速度前行，就如同人们不会感觉到地球在自转一般。但他们在心态上却是始终如一的，既忠实于基础和传统又不放弃追求变化和挑战，并且珍视顾客和员工。直到今天，老宅依然在相同的位置上，秉持着相同的心态，用相同的美味迎接着顾客。

老宅的成功秘诀

1. 执着于顶级牛肉

为了获得顶级牛肉中的顶级，老宅的供货商是三家屠宰场，这样做的目的是让各家供货商不得放松警惕，这也让他们成为了供货商最为看重的客户。老板会亲自前往屠宰场检验牛肉，等牛肉进到店里后，总厨师长还会再进行严格的检查。

2. 如家人一般的信赖

正因为历史悠久，不管是家人还是员工在一起工作都比较长久，大家都像是家人朋友，气氛非常温馨融洽。正是这样的氛围让来访的顾客感受到了开心自在。员工和顾客、员工和老板之间的信赖才是绝对的竞争力。

3. 既熟练又专业化的员工

员工们的分工十分明确，每个员工都是在自己的领域工作了 20 至 30 年，都是各自领域的专家，没人可以取代。这里轻松环境让员工能够长久地工作下去，精心磨练自己的技巧。

4. 慎重的挑战精神

传统和变化之间的平衡艰难而又重要，虽然老宅并不会轻易改变食物的味道和质量，但他们依然在慢慢地变化，甚至连顾客都不会发觉到这种变化的存在。他们在保留着超过 100 年的传统菜肴的同时，依然坚持不懈地追求着全新的美味。

店 铺 信 息

地　　址　56 9th Ave (between 14th and 15th st), New York, USA
官网主页　www.theoldhomesteadsteakhouse.com
电　　话　+1-212-242-9040
营业时间　中午：周一至周五 12:00-16:00
　　　　　下午：周一至周四 16:00-22:45 / 周五 16:00-23:45
　　　　　周六 13:00-23:45 / 周日 13:00-21:45

充满幸福的灵动巧克力

法国手工巧克力店
伊尔森热

"正因为有热爱巧克力的人才有了我们,我们的目标就是满足他们的口味。"

——伊尔森热第四任老板爱德华·伊尔森热

🏠 　**法国**东部汝拉（Jura）地区有一座小镇叫阿尔布瓦（Arbois），这是座绿树如茵城市，四周房屋环绕，风景如画，走进这里仿佛置身于童话之中。阿尔布瓦有 4 万多人，超过 50% 的居民以农业为生。这里不仅自然风景优美，还有许多特产名胜。

阿尔布瓦所在的汝拉地区是法国著名的红酒产地，以汝拉地区为中心，数百年来阿尔布瓦一直经营红酒。"黄葡萄酒"（vin jaune）当属这座城市的特产。黄葡萄酒采用颗粒较小、外皮厚实的青葡萄酿制，将青葡萄放置在橡木桶中至少 6 年，之后再放置在酒瓶之中，催熟时间最多可以长达 200 年，其香味浓郁、苦味厚重。当这种高浓缩葡萄酒的香气在口中长久停留之际，最适合的搭配当然少不了鹅肝，但搭配巧克力品尝则更为完美。在市政府大楼的地下室，这个从 18 世纪一直使用至今的大厅内，展示着和葡萄酒生产相关的一切。

对阿尔布瓦人而言，和黄葡萄酒最为搭配的食物就是巧克力。就着一口浓郁的葡萄酒，咬一口巧克力，苦味会在舌尖细腻柔和地融化开来。

城市的骄傲——巧克力专卖店

巧克力不仅是孩子们喜爱的零食，同时也是人们互相赠送的礼物，对法国人来说，巧克力的存在不可或缺，甚至从国家层面已经制定了保护巧克力品质的法律，足见巧克力就是法国文化本身。所以在巧克力方面，法国人拥有着出色的味觉。当然想要在口味上获得他们的认可也绝非易事，只要让他们品尝一口巧克

法国小镇阿尔布瓦的象征"伊尔森热"

力,其表述和评价的专业程度绝对不亚于任何评论家。

"巧克力可以说是一种类似于和音的和谐体,它并不是单纯用舌头去品尝感受的,而是要用精神去享受的喜悦,这种喜悦就像品尝一杯好茶时的感受。"

在城市的中央广场,我们就可以见到伊尔森热(Hirsinger),从1900年开始它就一直坚守在这里。伊尔森热家族在制作巧克力的过程中同时兼顾了传统和现代性,因为其丰富多样而又独一无二的香味和品质,伊尔森热荣登该地区最棒的巧克力店宝座。在法国的这座小镇上,多年来坚守岗位的巧克力店现在成为了城市的心脏,为这一地区的经济发展注入了活力。

对阿尔布瓦市民来说,能够拥有如伊尔森热这般赫赫有名的巧克力店,是他们莫大的自豪。这里的人们每每在品尝葡萄酒时,自然会想到买几块伊尔森热的巧克力,只要来到这里,当地人会热情地告诉你一定要去一趟伊尔森热，品尝那里的巧克力。

这里是阿尔布瓦唯一的巧克力店，因名声在外，使整座城市闻名遐迩，许多外国人和其他地区的人们，为了买巧克力而来到了这座城市。也有人不惜驱车一个多小时，行程 100 多公里来到这里。还有来自日本的游客，伊尔森热在日本相当有名并在当地开设了分店。

小店早上 8 点开门，一直到下午 7 点，期间有无数顾客纷至沓来，他们偏爱这里的最大原因是其丰富的口味。目前伊尔森热有多达 50 多种口味的巧克力，这些巧克力都是根据季节不同放入不同水果等多种食材制作而成的。甘草味巧克力、热带水果味巧克力、巧克力饼干……一盒心仪的巧克力，足以犒劳顾客们不远千里而来的辛苦。每一块巧克力味道都有所不同，在这些巧克力中包含着巧克力工匠们为了满足顾客需求做出的努力。

工匠精神造就的美味

在被誉为巧克力天堂的法国，伊尔森热之所以能拥有 112 年的悠久历史，就在于他们一直追求着这种精细到令人吃惊、甜而不腻的只有伊尔森热才能做出的味道，而且还能和生姜、草莓等食材实现完美的搭配，伊尔森热就是从这一点上做出了与其他巧克力的不同。

圣诞节前一周的周末，工坊在忙于准备制作"糖渍栗子"（Marron Glacé）。用栗子做食材的糖渍栗子一直是备受人们喜爱的食品，在糖果类中价格也是最贵的，糖渍栗子和巧克力是圣诞节和年末用来送礼的法国传统甜点,也是只在年末才会出售的特别食品。将秋天收获的果粒饱满的新栗子,在糖浆中多次腌制呈现出莹润的光泽,再裹上一层糖浆,最后在 200 度的高温下烤制约 5 分钟,以使其外焦里嫩。

当糖渍栗子进入收尾阶段时,订单会多如潮涌。伊尔森热的糖渍栗子是全家人一起手工制作的,人气相当高,如果不提前预订是很难买到的。基本上一周之前就要开始预订,因为只有预订量之外的少量的糖渍栗子会在店里出售,有些人甚至会从 200 公里之外赶来。这里的巧克力是采用传统方式人工制作的,因此会有不少的顾客不远千里赶来这里。

每年的 12 月,预订量是平时销量的三倍。从开门营业的那一刻起,店里就会非常繁忙。从光顾的顾客那里店里收获了千金难买的信赖,对小店而言,能够报答顾客的,就是日后更加勤勉、好好地经营这家老店。

伊尔森热一周平均制作 4000 块巧克力,而制作一种巧克力就需要 4 天时间,虽然制作过程会使用机器,但大部分的工作还是要用手工完成。店里出售的所有巧克力,都是在店铺后面的工坊里制作而成的。

拥有 30 年经历的巧克力工匠,同时也是这家店铺第四任老板的爱德华负责制作巧克力。他引以为荣的巧克力"四重奏"(Quattro),在法语里代表 4,他亲手制作而成的奶油夹心、果冻、杏仁巧克力共三层,层层叠加,上面再淋一层果冻,共四层的巧克力就完成了。伊尔森热所制作的巧克力中,隐藏着工匠如此精

糖渍栗子

"四重奏"

心的技巧，爱德华老板介绍说这就是法国的工匠精神。

"我们投入了许多心血去进行各种工作，类似于手表的制作和宝石的加工，我们产品就是宝石，可以吃的宝石。"

在制作巧克力的人之中，会有一些看重数量的人，他们会说"我一年制作了多少吨"，仿佛做得最多的人就是最棒的。但爱德华老板知道，制作的多少并不重要，重要的是品质。

伊尔森热拥有着112年的历史，创造出了前人从未体验过的全新口味的巧克力，那柔和的触感和丰富的香味让人不自然地流露出憧憬的表情，咬一口制作精致的巧克力，心里充满了人生的喜悦。

创造灵动巧克力的传统

1900年在法国大型甜品店学习了巧克力的制作工艺后，返回故乡阿尔布瓦的首任老板奥古斯特·伊尔森热创立了伊尔森热。这份家业经由父子传承，在112年后的今天，伊尔森热依然延续着代表阿尔布瓦的巧克力工匠家族所创造的历史。如今，对于伊尔森热家族而言，重要的不仅仅是延续历史，还要铭记过去的历史。

伊尔森热家族的所有回忆都体现在这家店中，正因为如此，祖父、父亲、儿子才能代代相传地继续着这份工作。

在小店的地下室有一个展示馆，这是12年前为了纪念开店100周年用来展示祖辈所使用的工具的地方，也是家族的历史博物馆。在一堆用于制作巧克力的工具中，有一本绿色封皮的书，这是第一任老板于1892年所写的，书中记载巧克力所有制作方法，内容并不是印刷的，而全部都是亲手写成的。

"白糖1千克，香草、可可250克，榛果750克。"

这是一种全家福巧克力的配方，这种巧克力的配方经过多年不断的修改使配方更加完善。第一任老板在精心研究和反复实验之后所形成的制作方法，是支撑这家店发展的根基。爱德华老板给我们展示了一盒巧克力，这种巧克力名为"巴罗汀"（Barrotin），共有七种口味。巴罗汀是从1900年开始推出的商品，也就是说，是从创立之初就一直存在的。但随着时代的变迁，巧克力的制作方法也在持续不断地变化，通过不断的发展创造出了相当丰富多样的巧克力产品系列，这就是历经世代传承下来的秘方。

虽然巧克力的口味持续不断地变化着，但是制作的秘方却依然扎根于传统，其中最重要的就在于食材的比例。因为根据食材的比例不同，巧克力的浓度也会有所不同。在煮热沸腾后，工匠会将筛掉香料的奶油加入，再一次根据一定的比例进行混合搅拌，这个过程之后，这种拥有入口即化口感特点的奶油夹心巧克力就制作完成了。这个秘方看似简单，实则不易，这里面蕴含着经由四代传承的巧克力工匠所走过的历史。这是112年来工匠们自己创造出的秘方，也是迄今为止年代最为久远的巧克力制作秘方。

黏稠的奶油夹心在凝固一天之后，会被切割成入口的大小，然后再进行

店铺地下历史博物馆所展示的厨房工具（上）
写有第一任老板食谱的书（下）

一天的自然催熟。在这个过程中伊尔森热是绝对不会添加用于延长保质期的食品添加剂，即防腐剂的，之前的祖辈们也从未添加过。因为制作的基础就是要保持巧克力的这种灵动、会呼吸的精神。所谓灵动的巧克力就是采用该地区最好的食材，在创造出最顶级的美味的同时，又能让大家时时感受到新鲜的产品。

创立的第二年，也就是1902年，伊尔森热就在当年举办的巴黎食品博览会上获奖，可见其实力备受认可。不仅是获奖，在伊尔森热创立之后，店里还在十多年间三次当选为优秀巧克力企业，发展迅速。在1914年第一次世界大战爆发之际，店里也遭遇了最大的危机，由于德军的侵略，伊尔森热关门歇业，并拒绝

第四任老板爱德华·伊尔森热

为敌军服务。爱德华老板说,有5年的时间,一家人靠之前的积蓄生活,以在庭院里种植蔬菜为生。

"这之后最重要的就是我祖父和我父亲这两代人很好地传承了店铺,没有让店铺倒闭。他们勤俭节约,在店铺的管理方面经营有加。"

伊尔森热在之前积累的珍贵历史之上,勾画着美好的未来。20年前将经营权交给儿子的第三任老板克劳德表示,只要自己的健康情况允许,他会将自己毕生所学倾囊相授给子孙后代,将自己的父亲所教导的一切传授给他的儿子。

教导在普通的日常生活中形成。每天晚上,伊尔森热一家人都会一起准备第二天要使用的食材。爱德华老板的儿子,十七岁的奥古斯特也遵照父亲和祖父的方式,从打下手开始一样一样学起,准备继承家业。只有通过这样的过程熟悉工作,和实习生一起共渡难关,等到具备足够的条件之后才能有资格继承店铺。

和地区共存的环保食材

到了晚上6点,爱德华老板会走出工坊,驱车10分钟左右到达位于阿尔布瓦郊外的一座畜牧农庄。爱德华老板每天晚上都会亲自来这里采购牛奶,优质的牛奶只有从吃优质草长大的奶牛身上获得。这家牧场隶属于阿尔布瓦畜牧协会,他们在海拔600

米的高山地带栽培有机牧草供奶牛食用。

因为牛奶的质量决定了制作巧克力的必备食材黄油和奶油的质量,所以从根本上而言,巧克力的味道是从养殖健康奶牛的农场开始的。采买环保食材,这是112年来伊尔森热所坚守的原则之一,爱德华老板始终如一地坚守着这项原则。

"我认为,我们是要和周围的环境一同生存的,从我的祖父、曾祖父时期就开始在这一地区采买优质的牛奶。首先这里的牛奶品质优良,具有天然的环境,其次离我们也很近。"

伊尔森热所追求的另一项原则是只选用当地农场所提供的食材,这也源自他们想要和该地区共发展的意愿。包括牛奶在内,制作巧克力所需使用的食材,全都从阿尔布瓦所在的汝拉地区获取。另外还有一个条件,那就是只在附近20公里范围以内获取,因为距离的远近决定了食材的新鲜度。

为了制作出优质的巧克力,首先要使用优质的食材,第二则是要具备足够好的技术,另外食材的新鲜度也相当的重要。就算使用再好的食材,拥有再好的技术,如果出售的产品放置时间过长,那就什么也得不到。所以坚守优质的食材、好的技术和新鲜度这三个条件非常重要。

完成的巧克力的平均保质期是15天,和工厂大量生产的产品相比,虽然保质期要短很多,但采用新鲜食材来传递丰富口感的伊尔森热的巧克力,能够满足顾客的需求。

早上6点,工坊的一天开始了。制作巧克力的第一道工序是制作奶油,巧克力的种类根据奶油的口味而不同。制作奶油时会放

伊尔森热亲自采买当天的新鲜牛奶和顶级品质的可可

入桂皮，因为粉末本身的味道比较淡，所以只是简单地放进去是没什么味道的，需要双手搅碎味道才会更浓郁。

根据季节的不同，伊尔森热会用从大自然直接采集到的桂皮、桑葚和生姜等食材手工制作成香料。而在巧克力主要食材可可的采购上，则会对玻利维亚、厄瓜多尔、委内瑞拉、玻利瓦尔等世界各国的品质随时进行比较，并从中挑选出最顶级的可可。等到奶油准备完成，会在不含有任何添加物的100%纯净可可膏里，按照一定比例添加黄油和天然甜味剂葡萄糖进行混合。

工厂所生产的巧克力会添加棕榈油，这不太有益健康，另外工厂还会添加白糖，大量油腻食材和白糖的添加能使巧克力保质6个月。但因为太甜和太过油腻，人们很快就会吃腻的。

伊尔森热的巧克力不会太甜，也不会太苦，充满着浓郁的香味，能够让人感受到它是用新鲜又健康的食材制作而成的。和那些靠刺激性的口味暂时满足人需求的巧克力相比，能够让人感受到可可的浓郁香味的伊尔森热的巧克力更加美味，它的味道源自严格而又纯正的食材筛选。没有半丝虚假、秉持良心的制作过程原封不动地呈现在其美味之中，也如实地传递给品尝它们的人。

创造全新口味的热情

伊尔森热的工坊里有四名实习生，他们时刻保持着警惕，生怕自己会犯错，这些实习生都是专业职业学校的学生，两年期间内他们会同时进行学校的课业和现场的实习工作。伊尔森热会以这些经过实习获得毕业证的学生为对象，进行巧克力制作考试，并将他们雇为员工。

实习生的目标当然是为了成为巧克力制作技师，所以他们才会来到名声显赫的伊尔森热实习。老板会先观察这些实习生工作的主动性，了解他们的工作态度，究竟是被动地等待别人下达工作指令，还是自己主动地去收拾整理。老板认为，如果缺乏学习的热情，就没有待在这里的必要。

每一个个体都在自己的岗位上为了成为顶级而不断努力，正是员工们的这份热情照亮了伊尔森热的未来。因为员工们非常清楚自己要完成的工作是什么，老板不需要去刻意告诉员工，哪些是需要注意的，就算老板不点明，员工们也都十分清楚自己该做的工作。爱德华老板说，他们是"这世界上最棒的员工"。

每周周末，到了业务结束的正午时分，爱德华老板会召集员工开一个小会，为的是感谢各位员工辛勤的工作。直到今天大家依然不遗余力地奉献着自己的热情，这正是奠定伊尔森热历史的沃土所在。能在这样一个使用优质食材、有着明确的目标、看重历史的店里工作，对员工们来说也是非常开心满足的事情。虽然也许各自的岗位和所面临的苦恼有所不同，但大家的目标是一致的，那就是竭尽全力做出最棒的巧克力。

刚刚制作出炉的"伊尔森热巧克力"

现在坚守着店铺的爱德华老板从二十岁就开始从事这一行的工作,在三十岁的那一年继承了家业。他最看重和投入的就是创造全新的口味,如今他依然会亲自去往山间田野挖掘食材,每年都会推出一样新产品。这番热情让他荣登法国顶级巧克力技师之列。时至今日,经历了112年岁月的伊尔森热的目标也依然没有改变。

"不是巴黎的巧克力技师用什么水果制作出了新的巧克力,我就也想和他们用相同的水果制作出相同的巧克力。"

传承了四代,一直坚守着自己巧克力之路的爱德华老板,同样也将目标定位在坚持不懈地创造全新巧克力上。他生怕自己会模仿那些已经制作出的东西,因为比起跟随,他更愿意去创造。

"创造出全新的东西一定要是特别的东西,当人们告诉我这是在其他地方从未品尝过的巧克力,我就已经非常幸福了。"

第四任老板爱德华·伊尔森热的心愿就是如此的朴实无华,靠时间打磨出的深厚精湛技艺和一直追求创造全新口味的热情所制作而成的伊尔森热巧克力,正是送给那些怀揣着幸福梦想之人的一份甜美的礼物。

超越味觉的喜悦,巧克力用鲜活的口感给人们的心灵带去了慰藉和快乐,而这份温柔又深沉的伊尔森热精神,将会在甜美的巧克力中永存下去。

伊尔森热的成功秘诀

1. 世代相传的工匠技艺

自 1900 年创业之初确立的制作秘方经由祖父传承给父亲,又经由父亲传承给了儿子,现在的第四任老板爱德华也是获得了"法国顶级技师奖"的巧克力技师。

2. 新鲜的环保食材

伊尔森热使用当地农场直接供应的食材和当季水果,制作成果酱和香料,绝对不添加任何防腐剂,虽然保质期只有 15 天,但这也保障了健康而又新鲜的巧克力的供应。

3. 追求差别化的美味

与制作大批量的巧克力相比,伊尔森热更看重的是优秀的美味。他们提供 50 多种丰富的口味,让顾客可以选择自己心仪的味道,同时这里还有着任何地方都品尝不到的专属于伊尔森热的味道。

4. 绝不懈怠,不断开发新产品

这里依然为了创造出全新的口味进行研究,每年都为了推出新产品而努力,这些不仅让爱德华老板荣登顶级技师之列,而且也成为了店铺名声远扬的原动力。

店 铺 信 息

地　　址	38 Place Liberté, 39600 Arbois, France
官网主页	www.chocolat-hirsinger.com
电　　话	+33-384-660-697
营业时间	8:00至19:00

保留100年前原样的浪漫

捷克传统餐厅
乌·卡利哈

"我们餐厅的竞争力就是'我们'本身,坚守美味的食物和服务,我们只不过尽到了自己的本分而已。"

——乌·卡利哈第二任老板法贝尔·托普勒

流淌着捷克历史的餐厅"乌·卡利哈"

🏠 **美丽的**布拉格是捷克乃至欧洲著名的旅游城市,每年约有1亿游客造访。布拉格有许多蜚声国际的名胜,如被称为世界最美丽桥梁的查理大桥。这里完好地保存着许多中世纪的建筑,又被称为"翻开的历史书"。这其中就有延续着捷克历史的餐厅"乌·卡利哈"(U Kalicha),在这里能够感受到最具捷克传统的元素。

乌·卡利哈于1900年在那波伊实帝大街开门营业,那波伊实帝在捷克语中代表着"战场",但这条大街却异常闲适。和那些僻静的街道不同,布拉格首先迎接游客的是欢乐的音乐,在开心的手风琴表演和自由自在的氛围下,来自世界各国的游客们其乐融融。来这里的不仅有捷克人,还有来自全世界各国的游人。

跨越历史的门槛

乌·卡利哈的名字来源于"阿瑞斯的宅邸"。公元 12 世纪十字军东征时,他们曾和胡斯派(捷克宗教改革势力)在这里进行了一场战争。如果说十字军的象征是十字架,那么胡斯派的象征就是酒杯的形状,士兵们会用与其象征形状相同的酒杯喝啤酒。乌·卡利哈这个名字就取自象征胜利的酒杯,卡利哈在捷克语里的意思是酒杯。

自从 1900 年开门营业以来,乌·卡利哈一直延续着当年的氛围,在这里有一间房间的墙上挂着很多陈旧的照片,其中一张是法贝尔老板的奶奶,也就是第一任老板克拉拉女士。1949 年的捷克政府要求她将店面捐赠给国家。虽然大家都知道这家店属于克拉拉女士,但在那个时代,谁都不敢轻易说出这句话。现在的老板法贝尔当时就靠在其他餐厅工作维持一家人的生计。

20 世纪 80 年代,东欧发生了巨变,店铺也再次回到了这家人的怀抱。法贝尔老板说,当时的状况简直就如做梦一般。

"我压根不敢想,我曾迫切地祈祷着能够收回店铺、找回自己的家,但根本不敢想象这种事情会真的发生,当时的心情就像是中了彩票一样。"

可是在历史旋涡之中艰难找回的这家店再没有从前的风貌。这间克拉拉女士倾其一生打造的餐厅,如今不管是服务还是味道全都变得一团糟。因为那个年代,任何一家餐厅都不太有服务这么一个概念,因为不论餐厅好坏,食物的价格都是相同的,所以谁都没有对食物以及服务的品质太过在意,全国的所有餐饮店也大抵如此。

当务之急是要先改变员工们消极被动的工作态度。虽然老板将原来的员工辞退了，重新招聘了新员工，但只要他不亲自过问，事情就没法顺利进展。

为韩国游客准备的韩语菜单

他一直尝试着全新的服务方式，店里的菜单就是其中之一，现在的菜单由26种语言构成，为了照顾到来自全世界的顾客，还准备了意大利语、波兰语、土耳其语、韩语的菜单。这个想法的初衷就是想到当其他国家的游客来到这家餐厅，看到写有自己母语的菜单该有多开心，所以才有了提供外语菜单这么一个与众不同的服务。

勤劳的工作让餐厅渐渐站稳了脚跟，法贝尔老板的努力再次找回了那些遗失的岁月，为饭店创造出了享誉全球的美名。

成为捷克的象征

即使经历了漫长的岁月，餐厅依然保留着一成不变的风格。有位来自俄罗斯的游客表示，自己相隔23年再次造访，这里还是保留着记忆中的模样，就连墙壁都没有半点改变。餐厅四周的墙壁上布满了如同壁画般的涂鸦，画的全都是捷克国民作家雅罗斯拉夫·哈谢克的作品《好兵帅克历险记》中的人物。

"我们的母亲就为了这个把我们生了出来，直等到我们穿上军服，好让我们被劈成碎块。"

《好兵帅克历险记》讲述着因战争而造就的斑驳陆离的历史，甚至让人有点淡淡的悲伤，但也同样显现出捷克风格的幽默和讽刺。这本小说讲述的是一位试图在战争中离开军队的大智若愚的士兵的故事，小说以第一次世界大战为背景，将战争的痛苦升华为欢笑，是被翻译成50多种语言的畅销书。可为什么非得用这本小说的内容来做涂鸦呢？

"等你打完仗回来一定过来看看我。每天晚上六点，我都在乌·卡利哈等着你。"

这是《好兵帅克历险记》里的句子，主人公帅克常去的酒吧就叫乌·卡利哈。借助小说的人气，餐厅的名声也是扶摇直上，餐厅入口处所展示的纪念品和墙上挂着的画框里的角色也都是小说里的内容。

乌·卡利哈和帅克是不可分割的，因为两者都象征着捷克。不管是帅克还是乌·卡利哈，都像是国旗一般代表着捷克共和国。

实际上，这部作品的作者哈谢克也是这里的常客。如今到了晚饭时间，还会有乐师穿着小说中那个时代的军服演奏手风琴助兴。客人们全都成了好朋友，有很多人来到此地就是为了感受小说中的氛围。

在同一栋楼的旁边有一家小酒吧，这里也保留着100年前的模样。陈旧的时钟、桌子以及墙上所挂的照片完好地保存着过去的样子，好像时间在这里停驻了一般。这里就是乌·卡利哈开始的地方，原本只出售啤酒，现在已然变成了餐厅。

作家哈谢克迷上了乌·卡利哈啤酒的味道，从 1910 年开始就成了这里的常客。虽然现在他不再会坐在这里陈旧的椅子上喝酒，但如今这里和 100 年前哈谢克常来时一模一样，而且为了那些想像小说中的帅克一样来喝一杯的客人，这里一直提供着同样的美味和服务。

在捷克，服务生被叫作"霍斯特波茨奇"。这里的霍斯特波茨奇依然穿着黑色的服装，戴着帽子，嘴角叼着烟斗，用那个年代的服务方式迎接着顾客。其中一项服务就是在将啤酒送到顾客桌子上时，在啤酒杯的杯垫上画一条短线，这样就能记住对方喝了多少杯了。如今啤酒杯的杯垫大多使用纸质的，但这里依然采用过去的陶瓷杯垫，就连这些陶瓷也已经是古董级别的了。

霍斯特波茨奇必须有灵魂，并且他们也秉持着所有啤酒屋必须拥有灵魂的信念，一直坚守着这里，最重要的是他们的这番努力赢得了顾客的欢心，这是他们坚守的最大原因，也是服务的原动力。

历史造就了店铺

在这里，陈旧并不意味着退化，而代表着完整。后背已经撕裂的椅子并不会被丢弃，而是会继续使用。法贝尔老板说"这把陈旧的椅子是帅克曾经坐过的椅子"，无异于是珍贵的文化遗产，这多年的痕迹里流淌着小说中帅克生活的印迹。

乌·卡利哈的另一大特色就是占据着一整面墙的超大型八音盒，这才是真正的历史遗物，现在几乎已经消失不见，估计只有博物馆和这家店还有。这个 120 年前制作的八音盒在开业之初就一直在那个位置，为了让其长久地演奏 100 年来没有改变过的六首乐曲，店里每年都会请调音师来定期检修。

经过多年岁月洗练所形成的气氛自不必说，这里的刀和叉，甚至是灯光都保持着当年的样子。法贝尔老板盼望能够将一切都保持当年的模样，当然食物也是如此。想想能够来到这个再现了 100 年前小说中时代场景的地方，这有多棒啊！能够维持着这种好像帅克真的在这里的气氛，这就像是一种使命感吧。

负责餐厅管理和经营大部分事务的大儿子菲利普最近经常会走访旅游景点的餐厅。市内的帅克形象到处可见，模仿乌·卡利哈的餐厅光是市中心就有六家。他们做出画有帅克的招牌，搞得好像自己才是开天辟地的第一家，混淆游客的视线，而且这些依样画葫芦地仿造乌·卡利哈的角色形象、试图营造小说中气氛的餐厅还在不断增多。这些餐厅混乱不堪的菜单甚至会连累到乌·卡利哈，让这家一直以来坚持捷克传统食物的老店信誉扫地。可是在捷克，相关权益保护得并不完善，所以也别无他法。

在乌·卡利哈的室内，最原始的角色形象图片挂在墙上，而其他餐厅将这些图片拍成照片就直接使用了。应对冒牌餐厅的方法就只有复原和保存传统食物，形象可以仿制，可美味是绝对无法赶超的。

法贝尔老板最近正将 100 年前第一任老板克拉拉奶奶所制作

小说中帅克曾经坐过的保持过去原样的陈旧的椅子（上）
餐厅到处都是小说的鲜活印迹（下）

的传统土豆饼的制作方法传授给二儿子。虽然看似简单，但一旦面粉的量和油炸的时间控制不好，就很可能会失败。

充满浪漫情怀又韵味十足的布拉格著名餐厅乌·卡利哈虽然生意兴隆，但并没有开设分店，这是因为他们认为没有亲自管理的餐厅就不是餐厅，真正的乌·卡利哈仅此一家。转眼走过100年的乌·卡利哈就是靠这份悠久的传统和历史将来餐厅就餐的所有人都带回了记忆之中。

传统的味道——烤猪肉

坚守传统的美味和保留过去的原貌一样重要，乌·卡利哈的主要菜单都是传统的捷克食物。捷克离海较远，属于内陆地区，所以肉类食物比较多，其中最具代表性的食物就是烤猪肉。长得像熏制猪蹄一样的烤猪肉会搭配传统面包"格内德里格"一起供应，这是乌·卡利哈人气最高的菜。

插着刀叉端上来的厚实又圆滚滚的猪肉好像是漫画书里才会有的肉团，形状非常有趣。顾客们首先会对丰富的菜量大吃一惊，接下来所有人都会感动于其特别的美味。

虽然在捷克的任何一家餐厅都出售烤猪肉，但这里的烤猪肉最为独特，因为是用秘方制作而成的，味道鲜美、肉质柔和，而且还有熏制的味道，是只有这里才能做出的美味。

虽说烤猪肉是捷克的传统菜肴，但因为去除了油腻的部分，肉质有韧劲又香酥，其他国家的人也很爱吃。烤猪肉需要用有齿刃的刀将肉切成一口大小，再搭配腌制的白菜和芥末酱，连皮带肉一起吃；其最大的特征就是皮和肉的独特口感，内里非常柔嫩，外皮又极其松脆，这也是乌·卡利哈独有的美味。

猪肉的采买由有20年经验的大儿子亲自负责，一周一次，在距离店里四小时车程的合作了20年的供货商那里采买。乌·卡利哈用的是奥地利产猪肉，味道绝佳，也是店里多年来一直使用的。

猪肉先用香料进行第一次熏制，在冷冻的状态下运到店里。

乌·卡利哈的人气菜品——烤猪肉

    店里坚持采用猪蹄的上半部分，也就是猪肘子上最顶级的肉。先将猪肉在放有胡椒、洋葱、胡萝卜、萝卜、西芹等十种食材的肉汤里烹煮，去除肉的腥味，并让调料的味道进入，如此猪肉会变得柔嫩。在确认煮了差不多一个小时的猪肉均匀熟透之后，要在120度以上的高温下烤制30分钟。在食物的烹制过程中，准确的温度和烹制时间是最重要的。等到猪皮烤至金黄色，就能做出美味了。

    在这段时间内，肉汤会继续熬至浓稠，因为这种名叫夫绒的肉汤之后要用来做烤猪肉的酱料。在第一次烤制好的猪肉上浇上肉汤再烤制一回，外酥里嫩的烤猪肉就诞生了。想要完成和100年前同样的美味，需要的是时间和诚意，烤猪肉在这里享有着最高的人气，每天平均卖出超过30份。

我想要将自己品尝过的交给儿子

在捷克有句话叫作"好的霍斯普达（捷克式酒吧兼餐饮店）延续不了多久，但坏的却很容易流传"，然而法贝尔老板却下定决心要坚守食物的美味。他怀揣着自豪感烹饪，为了坚守食物的美味，他数年如一日地检验着味道。在捷克的传统料理炖牛肉上，他也依然沿用着100年前的制作方法。炖牛肉需要先用油炒洋葱，再用甜椒粉和辣椒粉调味，之后再放入牛肉煮上两个小时左右。捷克食物普遍不太辣，所以炖牛肉虽然略有刺激性，但也并不是很辣。要做出这种不是很辣却又脱离平凡寡淡的口味，全仰仗厨师多年的技巧。

法贝尔老板将其他厨师昨天所做的炖牛肉和自己今天做的炖牛肉进行了比较。虽然是同一道菜，但颜色上却有着明显的不同，这是因为炒洋葱的时间长短不同。虽然是相同的牛肉、相同的洋葱、相同的甜椒，但根据烹饪时长的不同，菜色的不同，食物的口感也会有所不同。他会让员工来比较食物的口感，指出不足的部分并及时修改指正。这就是他的行事方针，只有这样才能维持100年的美味。

烹饪完成后，他会叫来大儿子和二儿子，三个人一起品尝，因为只有了解味道如何，日后才能继续维持100年。现在儿子们延续着父亲的坚持，已经做了17年厨房工作的二儿子法贝尔就彻底地贯彻着传统的烹饪方式。

虽然世代不同，但味道并没有改变，数十年前曾经来过这里的顾客因为想要追忆当年的味道又再次来到了这里，乌·卡利哈

第二任老板法贝尔·托普勒

的味道就是这样的信念。父亲所积累的信赖需要儿子们世代相传地巩固下去。在大学攻读心理学和哲学专业的大儿子菲利普对学习充满了热情,他在进行餐厅工作的同时拿到了博士学位,可是他也非常看重餐厅的工作。

"因为我们的公司就是家族的事业,就是传统,这在我看来是最重要的价值。"

法贝尔老板说他想要保存类似烤牛排、炖牛肉这种捷克美味。烤牛排是在放入了各种蔬菜和水果制成的甜美酱料中放入柔嫩的牛排做成的食物。法贝尔老板说,他希望20年后儿子们依然能够吃上自己50年前所吃过的食物,相信其他的父亲也都是这么想的,也希望这座餐厅能够变成这样的地方。父与子能够用相同的方式经营着这家捷克传统美味的餐厅,真的是一件很棒的事情。

成功会由时间来诉说

对于店铺能够维持多年的秘诀,经营了 50 年的法贝尔·托普勒老板轻描淡写又斩钉截铁地说道:"需要放弃一切,放弃最多的就是时间吧。"

为了打造出最好的店铺,这种需要放弃一切的信念也是他亲身所践行的事情。他将自己的经验之谈汇总在一起,于 3 年前出版了一本书,这本书名叫《自愿又愉快的 219600 小时》。219600 小时是他这辈子在餐厅工作的时间。

书中从找回乌·卡利哈之前他在其他餐厅做经理的时期开始讲起,忠实地讲述了他 35 年来的故事。在政府归还了餐厅之后,21 年时间里他从早到晚从未停歇过,在这里成为造访布拉格的游客必去的餐厅之前,他每天都要工作 18 个小时,付出了近乎 22 万小时的辛苦努力。如果不享受工作,这根本是不可能的。

他认为必须要享受工作,工作是兴趣也是热情,而且在经验中他已经知晓,一旦自己停歇,店里就无法保持最好的状态。只要他休息一两天,就一定能发现店里没有打扫或整理的地方。餐厅主人一定要坚守自己的岗位,否则餐厅就会退步,这是他所领悟到的秘诀和哲学,所以他也坚决贯彻着要管理一切的铁律。为了"成为世界最棒的餐厅"这一信念,他一天都没有疏忽过店里的工作,他说:"我得像皇家马德里足球队的教练那样指挥一切。"

虽然退休年纪已经过了 3 年,但他依然没有离开店铺。清晨

第二任老板法贝尔·托普勒的著作《自愿又愉快的 219600 小时》

时分,为乌·卡利哈开门营业的人一直都是法贝尔老板。和 10 点上班的其他员工相比,他总是会提前两个小时上班,这是他每天要做的第一件事,接下来就要一一检查昨天员工们整理好的餐厅内部。

早上 8 点上班,一直工作到晚上 11 点的法贝尔老板会对餐厅的细节一一进行检查,从餐厅的电灯到调料罐的整理,甚至包括洗手间的卫生纸,他一天都不会落下。他的检查非常的细致敏锐,甚至能够找到某张餐桌上放了两个烟灰缸。他相信这就是坚守捷克风格之路。

每一天这样的事情都在重复着,这样一家连陈旧的椅子都能成为历史的100年的餐厅,只有倾其一生去努力才能创造出来。

法贝尔老板表示,如果能有机会来布拉格,就一定要来一趟乌·卡利哈。他自信满满地说:"如果不来乌·卡利哈,你就没有来过布拉格。"正是因为有这22万小时的努力、使命感和自豪感,他才会说出这样的话。

乌·卡利哈的成功秘诀

1. 坚守传统的美味

这里用多年传承的独家秘方制作烤牛肉、炖牛肉等捷克的传统料理,而且依然世代传承着这种传统的烹饪方法,连一点小小的不同都会单独挑出并对继承人和员工进行培训。正是这样的信念创造了历史。

2. 不放弃多年陈旧之物

就连椅背撕裂的椅子在这里也代表着历史,因为完美地再现了小说中所出现的100年前的场景,这里已经成为了捷克的象征,也成为了最棒的文化名胜。

3. 多年如一日地坚守店铺的勤勉努力

为了延续店里的传统,秉持着主人必须要坚守店铺的经营哲学,老板几十年如一日,每天都会留在店里从早到晚地工作。因为认为老板一天都不可或缺,所以老板每天都要比员工们提前两小时上班,并进行彻底的检查。

4. 店是家族坚守的信念

在捷克的社会主义制度时期,店铺的所有权被转让给了国家,当时第二任老板法贝尔·托普勒曾在其他餐厅做厨师维持生计。店铺归还之后,他依然秉持着要继承好家业的信念,没日没夜地工作着,现在就连作为心理学博士的大儿子和二儿子也都一起为了继承父亲的事业而努力着。

店 铺 信 息

地　　址　Na Bojišti 12–14, Praha 2, Czech Republic
官网主页　www.ukalicha.cz
电　　话　+420-224-912-557
营业时间　11:00至23:00

融化世界的甜美

土耳其甜点店
卡拉柯伊·奎柳乌鲁

"我们店里的顾客从祖父到孙子都会一直来这里,给传承三代的顾客传递相同的美味是我们的使命。"

——卡拉柯伊·奎柳乌鲁第五任老板纳迪尔·奎柳

🏠 在亚洲与欧洲交会的土耳其的最大城市伊斯坦布尔,有一家当地人经常会前往采买的埃及市集。这里汇集了各种美味可口的甜点,可谓是传统甜点的天堂。有让人享受视觉

土耳其传统甜点"蜜糖果仁千层酥"

盛宴的有嚼劲的冰淇淋"咚哆玛",在散发着水果香味的果冻上淋上糖霜的"土耳其软糖"等,这些甜美的味道让人沉醉。提起甜点,我们可能首先会想到法国,所以土耳其甜点对于我们而言可能多少会有些陌生。但对土耳其人来说,这是人生重要的一部分,土耳其也是因甜点而闻名的国家。

在无数的甜点之中,有一样东西是土耳其节日和活动中不可或缺的,那就是一种名为"蜜糖果仁千层酥"(Baklava)的点心。蜜糖果仁千层酥是从16世纪奥斯曼帝国时期流传下来的土耳其传统甜点,是最高掌权者苏丹所喜爱的甜点。皇室的厨师们动用所有的制作方法做出了五颜六色的蜜糖果仁千层酥,在制作的过程中也经历了各种发展,现如今它已经成功俘获了世界人的味蕾。

位于伊斯坦布尔卡拉柯伊大街的这家甜品店卡拉柯伊·奎柳乌鲁(Karaköy Güllüoğlu)拥有引以为荣的192年历史。192年间,奎柳乌鲁所创立的卡拉柯伊·奎柳乌鲁一直坚持着传统,同时在包装和设备上也追求着现代化的变化,不断地发展进步着。

卡拉柯伊·奎柳乌鲁全景

俘获全世界人的甜点

这家店不仅历史悠久，更以美味著名。不光是整个土耳其，世界各地的游客都会来访，据说工作日每天会有超过 5 千人来到这里，周六会有 8 千人，而周日则会有大概 9 千人，而且每年来访的顾客人数还在不断攀升。

蜜糖果仁千层酥是卡拉柯伊·奎柳乌鲁的招牌甜品，它是一种将多层薄皮层层堆叠后放入坚果再淋上满满糖浆的点心，其充满嚼劲又酥脆的口感和甜美又浓郁的香味可谓一绝。这种让人生变得愉快的土耳其传统甜点用其甜美到极致的美味俘获了所有人的芳心。

经历了 500 多年的时间，在如今的土耳其，每逢最重大节日或伊斯兰斋月都一定缺不了这道点心，它绝对不会缺席任何祝福和祈愿幸福的场合，平常日子里也是人气满分的送礼佳品。顾客经常会选择精心包装后再买走，9千位顾客中有5千人会选择购买包装好的商品。

蜜糖果仁千层酥在希腊、埃及等中东国家人气爆棚，甚至有人不惜远渡重洋前来购买。有很多迪拜的顾客为了购买蜜糖果仁千层酥，不惜飞到伊斯坦布尔。为了来自海外的顾客以及海外配送业务，这里还配备了真空包装系统，包装好后可以保存5天左右。

虽然盛况空前，但在伊斯坦布尔，卡拉柯伊·奎柳乌鲁唯有这一家。为了对品质进行把控，他们没有开设分店，店里每天售出的量平均为250托盘。还有一个特别之处，这里不使用冰箱，因为一托盘的量两分钟之内就会售罄，所以根本用不到冰箱。当天出售的蜜糖果仁千层酥必须是当天制作的，这是他们坚守的原则。

打造顶级口感的技术

制作蜜糖果仁千层酥的工坊距离店铺约有200多米，这是土耳其规模最大的工坊，包括制作工匠在内，约有60位员工在这里工作。

蜜糖果仁千层酥的品质取决于薄皮尤普卡、坚果和黄油。厚度只有0.01毫米的薄薄的尤普卡是由具备10年以上工作经验的工匠亲手制作而成的，蜜糖果仁千层酥美味的核心就是这种薄到几乎透明的面皮。这种面皮就好像纱布一样纤薄柔软，甚至还能透光到另一面，正是这种厚度决定了蜜糖果仁千层酥的口感，所

手工制作的场景

以将面皮做薄是最为重要的工序。想要制作出透明又没有撕裂的面皮需要极高的技巧,所以擀面皮的工作只有至少工作10年的工匠才可以胜任。

面皮会持续擀上40至50次,直到擀至细薄,这是无法用机器实现的,只能靠手工操作。而且只有用手来擀,面皮才会细薄松脆。在擀面皮的时候,力量的分配相当重要,而撒面粉工作的重要性也不亚于此。面粉需要一次性撒下去,必须撒得相当均匀,不能有任何结块或没有撒到的地方。所以工匠们的脸上总是会蒙上一层白白的面粉,一旦开始擀面皮,睫毛就会跟被霜打了一样白花花的。

将擀至细薄的面皮一层一层地堆叠起来,只有这样才能保证里面充满空气,就算有糖浆渗透进去,也依然能够保持酥脆的口感。首先在下面堆叠二十层,在上面撒上开心果粉,接下来再堆叠二十层,再撒上开心果粉或核桃、杏仁之类的坚果,之后再堆叠上一层层的面皮,这样基本的蜜糖果仁千层酥就完成了。根据所使用的面皮的不同厚度和形状,蜜糖果仁千层酥可以制作出100多种类型。目前卡拉柯伊·奎柳乌鲁总共制作30至40种蜜糖果仁千层酥,特别是在单层皮中撒上开心果后制作而成的"萨尔布勒玛"采用的就是卡拉柯伊·奎柳乌鲁的独家秘方。

堆好面皮的蜜糖果仁千层酥会在摄氏160度高温的烤箱内进

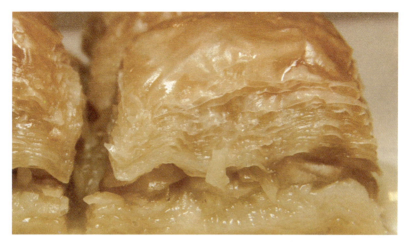

许多层堆叠而成的蜜糖果仁千层酥

行烤制,面皮顺利膨胀、没有破裂是这项工作的关键。40年来制作蜜糖果仁千层酥的纳迪尔·奎柳老板会在这个过程中亲自检查,甚至连一些细小的部分也不放过。

等到蜜糖果仁千层酥全部烤制完成,就要将煮好的糖浆均匀地淋在上面,让糖浆能够渗透到每一层面皮之中。淋完糖浆,层层分离又口感丰富的蜜糖果仁千层酥就完成了。如纸般细薄的数十张面皮所创造的清脆口感、糖浆浓郁的甜味以及新鲜的开心果香味都融合在了一起。酥脆又黏稠的口感搭配形成了一种微妙的和谐,这种奇妙又甜蜜的美味正是其传承了200年的秘诀。

不管是什么样的危机都要坚持下去的信念

卡拉柯伊·奎柳乌鲁创立于土耳其东南部的美食胜地加济安泰普,如今这里依然被称为蜜糖果仁千层酥的圣地,1820年第

第五任老板纳迪尔·奎柳

一任店主迈哈迈特·雪拉比就是在这里开始制作蜜糖果仁千层酥的。之后从第二任到第三任，奎柳家族的子孙全都继承了家业。到了第四任，老店进驻伊斯坦布尔卡拉柯伊港口，建立了现在的店铺。为了让蜜糖果仁千层酥声名远播，卡拉柯伊·奎柳乌鲁从未放弃对品质的坚持。

1980年军事政变时期，上头曾下令以半价出售蜜糖果仁千层酥，但卡拉柯伊·奎柳乌鲁认为这个价格会让品质大打折扣，于是决定转而制作加入牛奶的其他甜点，有一年的时间没有出售蜜糖果仁千层酥。走到现在，他们也曾经历过无数波折、跨越过无数的难关，但他们可以自豪地说产品的品质从未有过任何改变。

为了坚守这一点，卡拉柯伊·奎柳乌鲁在食材的选择上坚持使用最顶级的品质，虽然店铺已经搬迁，但现如今所有的食材还都是使用加济安泰普当地所产。加济安泰普是世界闻名的优质开心果生产地，店里只使用这里出产的一级开心果，面粉、淀粉、花生等大部分食材也从加济安泰普采买。

新鲜的开心果是决定蜜糖果仁千层酥香味的重要食材，所以店里不得不更加严格地对开心果进行管理。一旦发现有问题，纳迪尔老板就会亲自确认保存状态，并将不好的部分全都挑出来。就算原材料价格上涨，他们也未曾降低过品质的标准。集合地区特产汇聚成代表土耳其的味道，这是老店始终如一的坚持。食材比任何事物都要重要，这是店里为了给顾客带去更好的美味而一直固执坚持的原则。

纳迪尔老板认为在经理人这个身份之前，他还是一位工匠，他说作为工匠，责任感、尊敬和爱意是不可或缺的。

"我觉得如果我没法吃下去，别人也没法吃下去。"

培养工匠就等于培养公司

纳迪尔老板觉得不应该将自己该做的事情转嫁给他人，这是他的父亲，甚至他的祖父所教导的道理。去年，父亲离世，关于整个制造和经营工作，他多了很多需要操心的事情。直面顾客的店铺管理是纳迪尔老板特别看重的部分，连一些细小的部分都不能大意。

他奉之为家人、待之如朋友的年长工匠们是他坚实的后盾，这些人的工作经历都已超过 10 年，早已成为了销售工匠，站在销售摊位的工匠是店铺里地位最高的人。

这些人胸前都别有金色的胸牌，胸牌上标有星星的标记，每个员工的星星颗数不同。在这里工作满10年就会增加一颗星星，他们胸口的星星代表着岁月。

蜜糖果仁千层酥工匠大致上分为制作和销售两个种类，店里会有大概三十位员工在工作，每个人的工作经历都不同，从5年到50年不等。今年加入公司已有50年的销售工匠姆赫辛·瓦兹坎拥有五颗星星的最高级别，他从19岁开始工作，不知不觉间已经快要迈入七旬。虽然他是这里最顶级的工匠，但过去的50年里他所做的工作并没有太大的改变。

刚开始来到这里时，他是从刷碗开始的，从侍应生的阶段过渡到销售员，他度过了10个年头。对于那些刚刚走上这条路的新手们来说，姆赫辛这样的工匠就是为他们打开学习之路的前辈和老师。漫长的岁月里一直从事着相同的工作，姆赫辛在脑海中画出了只属于自己的蓝图。这也算是一种体系，他也会用相同的方式向新来的员工讲解教导。

等到一天的营业结束之后，结束了十小时工作的员工会在下班之前去一个地方，那就是公司的理发店。这里有一位连续15年提供刮脸服务的理发师，员工每天都会来这里剪发和刮脸。15年前，看到疲于工作的员工们连胡子都没刮就来上班，纳迪尔老板想出了这个方法。这样不仅能够照顾到卫生和清洁，还能解除一天的高度疲劳，所以在员工之中也引起了相当不错的反响。对于在卖场连续工作十个小时疲惫不堪的员工，理发师也不会忘记帮忙按摩。公司的这种照顾和关怀让员工们再次收获了力量，为明天做好准备。

秉持着对公司的使命感而工作的员工们

卡拉柯伊·奎柳乌鲁尊重经过岁月洗练的工匠之手,一直坚守着200年的味道,纳迪尔老板说:"贸易商多会为钱考虑,而像我们这种传承了小店精神的人则会从专业性中体会到自豪感。"他还无比自豪地说:"我是土耳其的蜜糖果仁千层酥工匠。"

永不熄灭的员工热情

还是漆黑的深夜,工坊里已经亮起了明灯。每天凌晨1点半,卡拉柯伊·奎柳乌鲁的实习生就开始进入准备工作。

根据工作年限的不同,每个实习生所负责的业务也会有所不同。一个小时后,工匠们的班车就到了,工匠们会在凌晨3点上班,下午1点下班。想要制作好当天出售的蜜糖果仁千层酥,就得从凌晨开始工作。虽然这份工作非常辛苦,需要在夜间进行,但凭着作为蜜糖果仁千层酥工匠的自豪感,他们一起并肩走过了许多年。

制造部门工作时间最久的就是工作了40个年头的穆斯塔帕。他在这里工作期间，工厂的工作环境发生了天翻地覆的改变，和面的过程变得机械化，蜜糖果仁千层酥也变得越来越大众化。以前他们没法大量制作蜜糖果仁千层酥，正是因为原先手工的工作都变成了机械化工作，这一切才成为可能。店铺之所以可以发展到现如今的地步，很大的原因就在于配备了现代化的设备。但无论如何借助机器的力量，最重要的工作还是需要仰仗工匠的巧手和经验。

工坊里有严格的辈分要求，因为培养工匠的过程中会采用严格的学徒制度。培养工匠的工作就犹如经营公司，每个新人都需要像过去工匠们那样，经历严格的训练和教导，一步一步地成长。如果不是出自真心，很难完成这样一份工作。成为工匠虽然也需要一定的技巧，但更重要的是要有坚韧不拔的品质，最重要的是耐心。如果在这个过程中坚持不下去，就无法成为工匠。

经历5年左右的实习过程，就能接触到和面了。不少人在实习生时期和的面总是会撕扯开来或是连面团都捏不好，但是经历几年的岁月打磨，他们已不知不觉成长为工匠，甚至开始负责起店里的全新菜品。

一个人晋升为工匠的仪式，在店铺里也是极为特别的活动。10年辛苦努力将会换来胸前一颗闪亮的星星，而他们最想要感谢的人，就是教导自己的工匠。这些刚刚成为工匠的人也要开始教导其他实习生，并凭此再度获得一颗星星。每个人胸前的星星汇聚在一起,拼凑出了200年的光辉岁月,让这颗星星所在的这片地方的历史和名字变得更加耀眼夺目。正如同一层层堆叠出的蜜糖果仁千层酥一般,一步步传承下来的卡拉柯伊·奎柳乌鲁的传统和那令人沉醉的甜蜜正是时间给的珍贵礼物。

早餐点心"波雷依"

为了让生活更甜蜜

"波雷依"是土耳其早餐吃的一种面包,也是代替蜜糖果仁千层酥出售的人气糕点。早上6点,美味可口的面包和甜点就出炉了,做好的甜点会用一个巨大的抽屉状手推车从工坊运输到店里,因为之前用车辆运输时,蜜糖果仁千层酥很容易变形,所以之后就开始使用每格分开放置的抽屉状手推车了。

手推车的格子里还放入了与其尺寸刚好匹配的托盘,这样蜜糖果仁千层酥取出时就能够保持原状了。运输的员工每天需要拉着这辆手推车往返20次,员工们也都丝毫不畏惧这样的辛劳。虽然甜点的美味相当重要,但视觉效果上也依然是要保持美观。

卡拉柯伊·奎柳乌鲁的早餐是由等待开始的,有的客人每天早上6点30分在店里还没开门之前就来这里候着,吃完波雷依就去工作。因为每天的开始都有这里的面包相伴,所以卡拉柯伊·

奎柳乌鲁对于他来说就相当于生活的重要组成部分。从开门营业的7点开始，店里就因为络绎不绝的客人而喧闹了起来。

蜜糖果仁千层酥是午饭之后吃的甜点，所以在蜜糖果仁千层酥出售状况不太好的上午，为了吸引顾客的到来，店里就开始出售波雷依，有很多熟客专门来此就为吃上一口波雷依。对于许多熟客而言，这里的美味是让人念念不忘的愉快回忆，很多人表示从小一路吃着这里的面包长大，可这里的美味却从未改变过。任何人都会怀念起自己小时候吃过的味道，如果现在依然能够品尝到当年的味道，那它的意义就远远超出填饱肚子了。

而读懂时代变化的重要性也完全不亚于坚守长久以来的传统。不久前，纳迪尔老板盯准了全新的顾客层，制作出了用于送礼的包装盒。在稍微清闲一点的上午时分，店里的员工们就会忙于折叠包装盒。

盒子的一面印有土耳其国旗，另一面则印有各个国家的国旗，其中的心意就是希望土耳其和其他国家能够友好相处，这也是试图让全世界了解卡拉柯伊·奎柳乌鲁美味的一种全新尝试。

当拿着万国旗盒子的海外游客去各处游玩，也就间接进行了宣传，其他游客也会对盒子产生兴趣。宣扬愉悦欢乐的卡拉柯伊·奎柳乌鲁的甜美滋味是超越了国境界限的。虽然这只是装在小礼盒中的蜜糖果仁千层酥，但正如礼盒上所绘制的这许许多多的国旗一样，它的美名也会传遍全世界。卡拉柯伊·奎柳乌鲁就是用这种方式征服了全世界人们的芳心。

卡拉柯伊·奎柳乌鲁的成功秘诀

1. 熟练的工匠手工制作面皮

蜜糖果仁千层酥的美味取决于薄皮尤普卡、坚果和黄油，厚度仅为 0.01 毫米的尤普卡透光性相当之好，它们都是由经历超过 10 年的工匠手工制作而成的。制作好面皮、撒上开心果粉、再进行切割，这许许多多的工序都需要用手工制作，而只有将这些交给熟练的工匠负责，才能制作出美味的蜜糖果仁千层酥。

2. 只执着于优质的食材

所有的食材都只采用加济安泰普产的最顶级的食材，特别是决定了蜜糖果仁千层酥香味的开心果只选用加济安泰普所产的一级原料；也只使用非人造的优质黄油，让食物的口感和香味更甚。每一样食材都精挑细选并经过严格检查，这就是美味的秘诀。

3. 不管发生什么事情都坚守品质

军事政权时期，上头曾经下令让蜜糖果仁千层酥售价减半出售，卡拉柯伊·奎柳乌鲁认为如果要按照这个价格出售，势必会让质量骤减，所以最终决定不制作蜜糖果仁千层酥，而用其他甜点来代替。就算原材料价格提升，他们也从未降低过对品质的要求。不管面临什么样的危机，他们都能够自豪地表示品质从未降低过。

4. 尊重工匠的精神

卡拉柯伊·奎柳乌鲁每 10 年就会给员工的胸牌加一颗星星，这里有许多胸牌上挂有四五颗星星的员工，这些经验丰富的工匠在这里从洗碗开始，至少干了 10 年的杂活才能够参与和面，还有一些在超过 20 年的时间里专职于销售的已然白发苍苍的专职销售工匠。正是因为店里一直维持着这样的环境和氛围，让经验深厚的工匠能够一直工作下去，蜜糖果仁千层酥的美味才能一直保持下去。

店 铺 信 息

地　　址	Mumhane Street No: 171 Post Code:34420 Karaköy, Istanbul, Turkey
官网主页	www.karakoygulluoglu.com
电　　话	+90-212-249-96-80

为老顾客所坚守的美味

日本点心名店
千秋庵总本家

"制作出顾客想要的美味是我们的义务和责任。"
——千秋庵总本家第六任店长松田顺治

位于一处僻静民宅的"千秋庵总本家总店"

在日本北海道地区的南部有一座小城叫作函馆,从400多年前开始,这里就是相当发达的港口城市。1859年这里作为日本首个国际贸易港开放,对外界大开门户。

很早就吸引了西方诸多文化的函馆有许多异国风情的建筑,但除了这里的浪漫风景之外,还有另一样为游客们交口称赞的特产,那就是一种名为"山亲爷"的点心。

这种承载着城市风格和味道的点心在人们的内心深处留下了难以忘怀的记忆,是始终如一地坚守在同一个地方的日本传统点心名店千秋庵总本家的招牌商品。千秋庵的意思是"一千年之家",超越百年遥望千年的他们在追求的是能够打动顾客心房的美味。

即便岁月流转也依然没有改变的味道

在挤满游客的港口街道后巷的一处僻静民宅，有着传承了152年的传统和果子专营店千秋庵总本家。这里的名气相当高，只要是当地居民都知道。虽然外表看来简陋朴素，但店里各种样式的和果子，却诉说着店铺在过去的岁月中坚持下来的历史故事。

因为店铺年代已久，来这里的顾客也都有着很深的渊源。有位客人已故的父亲和祖父都爱吃这里的点心，家人甚至将这里的点心摆在祭祀桌上供着；还有一位从6岁就吃这里点心的老奶奶，现在已经年届古稀；不仅如此，千秋庵总本家的顾客之中还有连续三代约100年间一直订购千秋庵总本家点心的熟客。

顾客们之所以会一直来这里，原因只有一个，那就是即便岁月流转，这里的"味道"始终没有改变。已经传承到第六任的店主现如今依然遵照着先辈的教诲，制作着始终如一的美味。

招牌商品"山亲爷"不光是在北海道，就是在整个日本也是只有千秋庵总本家才有的和果子。这种点心呈圆形，仿照雪结晶的样子，绘有熊背着鲑鱼滑雪的图案。在北海道，人们称大熊为山亲爷，这是千秋庵总本家以北海道的自然环境为基础制作而出的形象，90多年前第一次面世的这一形象现如今成为了店铺的象征，也成为了北海道的象征。

与此同时，在90多年前问世的铜锣烧是一种在圆形面包中放入红豆沙制成的和果子，它也代表着千秋庵总本家的味道。里面装着耗时三天诚心诚意制作而成的只有这里才有的红豆沙。

即便岁月流转也从未改变过味道，这其中倾注着老店花费的时间和精力,以及力求打造出顶级美味的执着。如果要问千秋庵到底是如何坚持经营了152年的,当然是因为从创业者开始,大家都非常辛苦努力,一直坚守着这家店铺。但松田店长却说有个最大的原因:

千秋庵总本家的特产,画有熊形状的点心"山亲爷"

"因为有这些光顾店里的顾客在,为了报答这些顾客,我们才会坚持不懈地去努力,这才是最重要的。"

用优质食材坚守传统美味

想要成就千秋庵总本家永远不变的美味,第一个秘诀就是严选的食材。

从函馆出发,约一个小时车程,就能到达北海道森町地区,那里有一片红豆田,千秋庵总本家每年晚秋时分都会来收取这里的红豆。森町地区在整个北海道的降雪量偏低,且夏季平均气温也不高,非常适合栽培红豆。

红豆是和果子的必备食材,所以松田店长每年都会对收回来的红豆品质亲自确认。千秋庵总本家所使用的红豆是一种名为

重视卫生的工坊

"大纳言"的品种,就算久煮豆粒也不会爆开。松田店长会一粒粒地仔细筛选,从中挑出硬实且色泽鲜明的红豆。

他在挑选优质红豆上的严苛在供货商之间早就传开了,因为每次交货给千秋庵总本家时,都要提前送出样品,等到店里认为质量合格才能继续送货。所以为了满足店里的需求,供货商们也会更加慎重地筛选。

等准备好了优质的食材,剩下的事情就是制作传统的美味了。千秋庵总本家的所有和果子都有其特别的制作秘方,这也是千秋庵的第二个秘诀。为了保证招牌商品山亲爷作为原材料使用的谷物的醇厚香味能够散发出来,店里在和面的时候不用水,而是直接使用牛奶和黄油。北海道地区的特色也是其最重要的秘方就是在小麦粉里混入米粉,将小麦和大米这两种性质完全不同的原料相混合,制作出独特的口感。

山亲爷的制作过程非常麻烦，烤制完的点心需要保留咀嚼时的松脆感，千秋庵有着任何人都模仿不来的制作山亲爷的技巧。

点心制作工坊距离店铺有十分钟的距离，这是千秋庵总本家所有和果子制作完成的地方。在进入工坊之前，一定要完成双手的消毒工作。

用肥皂和温水洗手之后，会用纸巾擦拭干净双手并用酒精消毒。这个过程会重复两遍，一次在下面一层楼，一次在上面一层楼，只有完成了才能进入工坊。任何人都不得例外，必须要经历这个过程，未按照这条规矩行事的员工会被开除。看似严苛，但能看出社长在坚守公司铁律上的态度。从食材的准备到包装，所有的工作都不需要外界的帮忙，都是在千秋庵总本家内部的制作工坊里完成的。

制作顶级铜锣烧的红豆

虽然所有的工作都很重要，但这其中最需要花费心思的就是制作铜锣烧要用到的红豆沙。红豆沙的制作总共需要经历 3 个阶段，共历时 3 天，首先需要将红豆在蜂蜜中浸泡一整天，再煮制一整天。红豆沙制作的最后工序是用蒸汽蒸煮好的红豆，特别之处就在于会将红豆豆粒全都捞出来，因为持续搅拌会让豆粒爆开，所以可以将它们全都捞出来，而这道工序也是需要整整一天的。

千秋庵总本家用于制作铜锣烧的红豆沙的特点在于保留红豆带皮的原样。为了保持这种带皮的原样，他们会在煮制五个小时

90年来一直没有改变大小和味道的"铜锣烧"

的红豆汤后,再次将捞出的豆粒蒸煮。经过这个过程之后,红豆的甜味也会有所减少,这种形状和味道都非常特别的红豆沙就完成了。

千秋庵总本家的红豆沙在咬下去的那一刻会感觉到甜美的味道充斥整个口腔,之后又迅速消失,因此才会让人吃起来觉得甜而不腻,这样清爽的甜味才会让人觉得幸福。千秋庵总本家就是秉持着这样的信念制作出了红豆沙。

除了味道始终如一的红豆沙之外,这里的铜锣烧还有另一个独特之处,那就是比其他地方的铜锣烧要重。在日本出售的铜锣烧的重量一般在70克到80克之间,可是千秋庵总本家的铜锣烧在过去的90多年中一直保持着110克的重量。

因为这里的点心是很多人从小吃大的,因此必须要做到非常的精准,哪怕有一点点的差异,客人也能敏感地品尝出来,给出

"今天的味道有些不同"的评价。

背弃顾客记忆中的那种味道，就等于是背弃了和顾客的那层关系。千秋庵总本家并不仅仅将顾客当成消费者，他们认为对方是和自己共享回忆和历史的同伴。他们正是秉持着这种坚守顾客回忆中最初的味道的信念在制作着商品。

延续数代成功的和果子设计

在日本，和果子一直以来都是伴着茶一同享用的点心，人们普遍认为在这种点心的享用中，品评开始于眼睛而结束于舌头。也就是说对这种食物而言，视觉享受是非常重要的。和果子的味道和风格全凭各家店铺自己的技术和制作工匠的能力。

虽然秘方都是从先辈那里传承而来的，但在秘方之中加入自己的想法、进行大胆全新的设计、制作出完整的作品，这才是工匠的本分。然而这种能力不是轻易就能拥有的，只有在时间和经验中慢慢打磨。

千秋庵总本家在函馆作为国际贸易港口开放的第二年，也就是 1860 年由佐佐木家族创立，第一任店长是佐佐木吉兵卫。随着城市人口的增加，店里的生意也一天天繁荣起来，就这样持续经营了 60 多年，从第一任到第三任都是佐佐木家族，之后经营权传承给了松田姓氏的松田咲田。

松田家的第四任店长曾在东京做过点心老师，之后他和学生们被一并派遣到千秋庵进行技术指导，并因指导这里的员工而结缘，成为了第四任店长，是当时被称为"点心之神"的能人。他开发出了现如今成为函馆特产的拥有90年传统的点心铜锣烧和山亲爷，也带领店铺进入了一流点心铺的行列。山亲爷的熊图案也是由他亲自绘制的。

第四任店长完成了设计和点心制作，最重要的是他在开发味道和样式更为丰富的和果子上倾注了心血。1922年，由第四任店长所著的《点心制作方法集》完成，被当作店里的传家宝，如今也仍然被珍藏着。这本涵盖了100多种点心设计的书籍被称为和果子教科书，据传当时全国的点心制作工匠都以这本书为基础进行和果子的制作。

创造新的和果子味道和风格的想法穿越了世代的阻隔，又传承到了其他工匠心中，他就是拥有47年工作经历的总工匠鹿波雅实。他已经完成了即将作为新产品推出的一种名为"唐锦"的高级点心的图纸，打算用三种颜色来诠释秋天的形象。

千秋庵总本家每个月都会推出全新的和果子，正是因为有鹿波在，这一切才成为可能。鹿波从15岁就开始帮助松田社长引领店铺的发展，在他满是褶皱的指尖下诞生的丰富多样的和果子成为了支撑千秋庵总本家的坚实支柱。鹿波是跟松田社长的大弟子学艺的，自己也留心学习了不少技术。

只不过短短10分钟，工匠的指尖下就诞生出了甜美的和果子，光是看着都让人赞叹连连。用剪刀制作而成的菊花形状的和果子也是90多年前第四任店长开发出来的，现在全日本的点心工匠都跟着学做，因而广为流传。

在无数工匠之中，能够最完美再现点心原有风格的人就是鹿

和果子诞生之初的图案纹样

丰富多样的和果子

波,他的才能在整个日本都是顶尖的。如果他身处在其他店铺,也许轻易就会满足,可正因为他身在千秋庵,只有更加奋发拼搏才能配得上这家历史悠久、颇负盛名的老店,而他的这份精神也打造出了一款大热产品。

现如今,在千秋庵总本家有数十名的年轻员工在跟着他前行,他们是一群单纯地相信梦想、背井离乡来到这里的年轻人。在这些年纪刚过 20 岁的年轻人身上,我们看到了这家店的未来。可以肯定的是,他们纯粹而又滚烫的热情会让这家店生生不息地传承下去。

挑战西式点心

3 年前,为了纪念函馆开港 150 周年,千秋庵总本家开始用苹果制作苹果派。松田社长为了寻找用作食材的苹果,亲自来到了函馆市的七饭町。

七饭町以苹果种植业而闻名,在大约 140 多年前,该地区是日本首个开始栽培西式苹果的地区，这里的苹果糖度较高、肉质厚实，非常适合加工成苹果酱。

虽然这里的苹果多用来加工成果汁等，但自从千秋庵总本家开始制作苹果派后，这里也开始为他们提供苹果。苹果能够适得其所，农场主人也非常开心。

七饭町的苹果对店里来说，其意义远远超出了食材本身，因为七饭町的苹果也是函馆开港以来日本首次进行栽培的，所以算是渊源颇深，更何况就在隔壁村落，所以就用了这家的苹果。"因为我们总是觉得亏欠了当地的居民，所以多少想要使用一些当地所生产的食材。"这是松田店长深切的关怀。店铺的成功来自当地居民提供的优质食材，也在于当地居民对苹果的喜爱，这一点他一直都铭记在心且心存感激。

就算准备了优质的食材，想要制作出美味也并非易事，因为这次要制作的西式点心，不管在外形还是制作方法上，都和一直以来制作的和果子有所不同。有超过100千克的苹果都报废了，制作过程中不仅用到苹果，还需要加入白糖、杏仁等多种食材，经历反复不断的测试。

也有人曾说这种尝试太过鲁莽，可之所以没有放弃挑战，原因只有一个，那就是如果现在停下来，就很难再去满足顾客们多变的口味了。如此经过了3年的努力之后终于做成了苹果派。

松田店长认为烤苹果是千秋庵多年前就一直在做的工作，所以虽然食材有所不同，虽然不是和果子而是西式点心，但并没有什么好忌讳的。

第六任店长松田顺治

不仅是苹果派,店里还做出了法国点心"费南雪"。

随着时间的流逝,虽然店里也经历了许多变化,但根基却从未动摇过,千秋庵总本家的信念一直如此,那就是他们所制作的味道,就是顾客想要的味道。

小店铺,大自豪

千秋庵总本家以始终如一的面貌坚守着函馆后巷,可在这家朴素的小店工作的员工的自豪感却绝对不小,因为和摆在眼前的奢华相比,这家店铺的历史弥足珍贵。员工们一直坚持不懈地努力着,严格地坚守信念,而正是他们的这种饱含真心的努力换来了顾客们络绎不绝的脚步。

为了铭记初衷,松田店长经常会去一个地方。他走访函馆的脚步最先抵达的也就是函馆的流水最先汇聚的地方——码头，这里也是店铺的历史开始的地方。这里有刻着"北海道第一步之地"的标牌，很久之前有人乘坐小船来到这座码头，在北海道迈出了第一步，而第一任店长佐佐木吉兵卫也是在码头迈开了第一步。当时的环境要比现如今恶劣许多，而他竟来到这里开设了店铺。松田店长想到这里不禁低下了头。

在函馆这座城市的怀抱里，即便再经历100年岁月，和函馆人民并肩走过152年历史的千秋庵总本家也会保持始终如一的味道。

只要店里这份想要坚守味道的精神不会变，店铺的名誉就会永存。

松田店长怀揣着先辈的信条，那就是将店铺传承给最有能力的人。所以如果能有一个尊重顾客、将店里经营得更好、为顾客提供美味点心的人成为第七任店长，他就已经很满足了。

千秋庵总本家的成功秘诀

1. 坚守始终如一的传统美味

千秋庵总本家的招牌产品是铜锣烧。虽然一般的铜锣烧会放入 70 克左右的红豆沙，但是千秋庵总本家从 90 年前第一次制作铜锣烧起，就一直坚持放入 110 克红豆沙制作。随着岁月流逝，这个量依然没有改变，这是为了让顾客记住这家店味道始终不会改变。

2. 甜而不腻的红豆沙

千秋庵总本家一直在追求甜而不腻的味道，制作这种让顾客流连忘返的美味也是千秋庵总本家独有的秘方，需要连续花上 3 天的时间，反复用水蒸煮才能完成红豆沙。

3. 选择能力而非血缘

虽然千秋庵总本家是由佐佐木家族创立的，但到了第四任接班人时却发生了变化，由并非出自佐佐木家族的松田咲田继承，曾被称为"点心之神"的他在成为店长之后，让店铺变得更加繁荣昌盛。现在的第六任店长也认为理应将店铺传给最有能力的人。

4. 工匠做出的顶级设计

和果子的品评开始于眼睛而结束于舌头，足以见得这是一种非常重视视觉享受的食物。和果子的味道和风格取决于店里所拥有的技术以及制作工匠的能力，千秋庵总本家的第四任店长甚至包办了设计，打造出了一系列招牌产品，总工匠也继承他的衣钵不断地推出全新的人气产品。

5. 对西式点心发起挑战，备战全新时代

为了纪念日本首个贸易港口函馆开港 150 周年，千秋庵总本家制作了西式点心。用传统点心的制作工艺去制作西式点心并不简单，有超过 100 千克的食材报废了，店里也历经了反复多次的测试。之所以历经无数次失败却依然不放弃，就是因为店里所秉持的信念，那就是只要是顾客想要的点心，店里就一定要做出来。

店 铺 信 息

地　　址　　北海道函馆市宝来町9-9
官网主页　　www.sensyuansohonke.co.jp
电　　话　　+81-138-23-5131
营业时间　　9:00至18:00（每月休店一次）

546年传统的还原

捷克传统啤酒屋
乌·迷得维库

"我们所做的工作并不仅仅是卖啤酒,还在于开启捷克传统啤酒的明天。"

——乌·迷得维库老板扬·高尔泰

传统啤酒的故乡捷克布拉格

🏠 充满中世纪欧洲风情的捷克城市布拉格一年四季都迎接着游客,街头乐师们演奏的愉快旋律是布拉格献给来访游客的第一段回忆。结束演出之后,乐师们会一如既往地去喝啤酒,对捷克人来说,啤酒就是生活本身,啤酒就是维他命,而且他们也自豪地认为捷克的啤酒是最棒的。

这座美丽的城市送给游客的另一份难忘的回忆,就是这在浪漫风情之下品尝的啤酒。在市集广场一角的乌·迷得维库(U Medvidku)是一家著名的啤酒屋,从上午 11 点到晚上 11 点,350 个座位一直被顾客塞得满满的。对布拉格人来说,这里就是捷克传统啤酒的故乡,这里风味独特的啤酒带来了幻想般的美味。

1466 年,啤酒屋乌·迷得维库首次在捷克布拉格开门营业,伴随着最近在捷克掀起的啤酒屋热潮,这里又再次赢得了关注。

为了品尝这里直接酿造的啤酒，不仅是整个捷克，全世界的人都竞相前来，形成了门庭若市的罕见景象。

和捷克历史并存的啤酒屋

在全世界个人啤酒消耗量最大的捷克，非工厂大批量生产而是小规模制作的啤酒屋啤酒近来广受欢迎，一些传统店铺也随之声名鹊起。水、麦芽、啤酒花、酵母，这些从大自然中获得的食材在15世纪传统制造工艺之下被酿造成清凉浓郁的啤酒，深受世界人的喜爱，扬老板认为最重要的一点就在于传统性。

"这里的每一个脚印中都有历史的印迹，我们努力坚持着过去的方式。"

"奥德高"（Oldgott）是乌·迷得维库从1819年开始推出的一款酒精度数为5.2度的啤酒屋啤酒，也是一天销售过千杯的招牌商品。这款历史悠久的啤酒品质究竟如何，用一根小小的牙签就能证明——在泡沫上面插一根牙签，如果啤酒状态不好，牙签会迅速下沉；反之如果泡沫品质优良，就表示啤酒酿造得非常好，牙签则会慢慢下沉。

泡沫会防止啤酒中的碳酸外泄，阻止氧化的进行，用硬实的泡沫保留住啤酒清凉口感的奥德高是乌·迷得维库的骄傲。这种泡沫非常好的啤酒被乌·迷得维库的前辈称为"液体制作的面包"。好的啤酒可以帮助恢复体力和活力，算得上是捷克民族的液体面包。

乌·迷得维库也是人气超高的观光景点，之所以世界各地都

捷克传统啤酒屋名店"乌·迷得维库" 　　招牌商品啤酒屋啤酒"奥德高"

有人络绎不绝地来这里，是因为位于建筑物二楼还有另一家店，这里完好地保留着 15 世纪的哥特风格，也是店里自开业以来一直在使用的酿酒厂，吸引游客们视线的正是小小房间之中挤得满满当当的橡木桶。

拥有 546 年传统的乌·迷得维库啤酒的美味就是在这些橡木桶中完成的，在现如今以机器实现大量生产的状况下，店里依然保持信念，多年来一直坚持使用橡木桶来保存传统啤酒的美味。

用顶级食材制作出顶级啤酒的技术

从星期一到星期五，乌·迷得维库每天都要酿制全新的啤酒。酿造啤酒的核心食材就是将长芽的大麦干燥后获得的麦芽，店里使用的是捷克摩拉维亚地区生产的顶级品质的麦芽。

酿造的第一个工序就是在适合麦芽溶解的状态下将其封闭起来，这里至关重要的一点就是要尽可能减少在空气中的暴露，因

乌迷得维库在努力用顶级品质的麦芽制作出完美的啤酒

为根据暴露时间的不同,啤酒的香味也会有所不同。封闭的麦芽要尽快和水混合进行煮制,这是将麦芽中的蛋白质转化为可以让酵母将糖分发酵的"糖化工作",这也是捷克传统的酿造方法。

糖化需要在约摄氏37度中进行,每次提升10度,直到达到摄氏75度,而且不同的阶段下还需要使用碘溶液确认糖化状态。如果还留有淀粉,碘溶液会反应为黑色,到最后全都转化为糖分后,碘溶液则会反应为金黄色。

拥有40年资历的啤酒工匠贝塞利会在整个糖化过程中坚守在糖化仪器前,记录因温度变化而产生的糖化状态,制作啤酒表。如果麦芽没有糖化,就会成为无酒精的啤酒。为了应对随时可能会出现的问题,需要实时关注才行。

就这样等待三个小时后,糖化工作完成,明亮的金黄色麦芽汁也就做好了。烹煮麦芽所出现的明亮金黄色看上去是如此的可爱迷人,但光靠看,工匠是无法进行确认的。在扬老板完成第一轮的检查之后,贝塞利会立刻开始接下来的工作,放入啤酒花在摄氏100度下再煮一遍麦芽汁,这是为了让剩余的蛋白质沉淀,使其呈现出更为清澈的光泽。多年生草本蔓性植物啤酒花是一种能够散发出啤酒特有苦味的食材，在筛出麦芽汁中的沉淀物后，需要将其放入冷却模型中慢慢冷却一个小时，因为如果太烫，酵母是无法起作用的。

乌·迷得维库的传统制作工艺也存在于这种冷却方式之中，这种名为"须拓"的方式非常独特。在空气中进行自然冷却的须拓是在19世纪初被引入的，这种方式可以保留机器快速冷却时可能会消失的啤酒的特有香味，因此被应用于将麦芽汁从摄氏100度冷却到摄氏70度时，也是这里独有的特色。

这种力图坚守传统啤酒美味的努力渗透到了所有的制作工序之中，在准备酵母的过程中也是如此。乌·迷得维库会将完成发酵的啤酒中沉淀的酵母作为下一次发酵的食材，酵母会延续使用到下一次酿制啤酒的工序中。只要能保证酵母的清洁，可以连续使用五次到十次，这里就是用这种持续使用的相同酵母来保持啤酒的美味的。工匠一边祈祷着幸运一边开始酿造啤酒，而这546年的传统也再一次得到了传承。

追随传统的酿造技术

店里在保存酿酒厂的同时，在酿造技术上也是追随传统的。啤酒发酵技术在还原工作中也是属于最需要倾注心血的部分，和一般使用密闭容器的酿酒厂不同，乌·迷得维库一定会在没有盖子的橡木桶中进行持续14天的低温"底部发酵"，这是为了让酒与氧气接触，这样就能让香气和味道变得更和谐。这种其他酿酒厂没有使用的开放式橡木桶也是乌·迷得维库的一大骄傲。

这里的招牌奥德高啤酒是棕色的，和那些酵母较少、发酵不完全的啤酒不一样，发酵不完全的啤酒看起来是黄色的。这种秘方诀窍也是在研习店铺过去的资料中学习得来的。

橡木桶酿造和大批量酿制方式下生产出的啤酒的口感和香味是没法比较的。采用橡木桶酿造的小规模生产方式成为了丰富多样的啤酒酿造的沃土，因为根据橡木桶中的发酵和催熟时间的不同，啤酒的口感和香味也会有所不同。

在催熟的时候，如果橡木桶的贮藏容量增大，啤酒就很可能会漏出来。乌·迷得维库每年会将橡木桶送到捷克比尔森地区检修一次，将橡木桶内部原先覆盖的松脂膜去除，重新进行涂膜。将松树或松果中获取的树液压榨之后制作而成的散发着松木香味的松脂被用来涂抹橡木桶内部。像这样用松脂涂膜的橡木桶可以阻隔细微的缝隙，防止啤酒中碳酸的泄露，另外松脂的松木香也会渗透进去，从而让啤酒的香味更加浓郁丰富。

如果橡木桶的状态不够好，就需要进行修理或替换，但现如今这方面的专家已经越来越少了。扬老板觉得这一点是最让人觉得惋惜的。虽然此事辛苦又麻烦，但正因为为了还原传统，有人甘愿承受这一切，也因为有顾客喝下这美味的啤酒感到了幸福，他们才得以拼尽全力去维持这种传统的方式。

和发酵不同，催熟的核心条件在于密闭，催熟用的橡木桶盖上会先用蜂窝融化后制作而成的清洁蜡涂抹一层，之后再用芦苇叶将边框封得死死的。如果桶不够密闭，催熟之后啤酒上就会漂

全新涂好膜的橡木桶

有悬浮物体,并散发出一种令人不快的气味。

不需要特别的杀菌工序,啤酒就可以在密闭的橡木桶内自然催熟。一周后,啤酒会变成含有酵母的新鲜生啤。根据啤酒度数的不同,催熟的时间也会有所不同。较为强劲的啤酒,其催熟时间也会更长一些;度数越高,其酒精含量也就越多,有些耗时长的甚至要催熟一到二年的时间。乌·迷得维库推出的这种耗时约20年才酿成的啤酒中,包含着最为深厚又真挚的坚守传统的心意。

顶级工匠酿制的啤酒

提起乌·迷得维库备受人们喜爱的原因,扬老板分析为三点,第一是好的啤酒,第二是用如今几乎没人使用的橡木桶并采用传统方式来酿制啤酒,而第三点就是啤酒工匠拉迪·斯拉夫·贝塞利,他是备受捷克认可的顶级啤酒工匠之一。

如今乌·迷得维库当数捷克顶级啤酒酿造厂，正是因为有店里的最大功臣贝塞利，这一切才成为可能。他在2009年捷克啤酒工匠技术大赛中获得了一等奖，曾有多家酿酒厂参与了这个比赛，评价方式则是对一年来酿制的啤酒平均量和品质打分。在如此众多的酿酒工匠中，贝塞利拔得头筹，成为了顶级啤酒工匠。

贝塞利从20岁就开始在捷克大大小小的酿酒厂学习技术，8年前，他被扬老板想要还原传统的努力所打动，之后就一直留在了这里。现在虽已年届古稀，他依然憧憬着捷克传统啤酒的明天。而且他的价值观也是和扬老板一样的，他认为想要保持传统，正确的方法就是打造采用橡木桶酿酒的小型啤酒酿造厂。正是因为这些小型酿酒厂一直采用相同的方式来酿制品质优良的啤酒，才形成了竞争力。

贝塞利表示他想要酿制出未经筛选和杀菌的充满活力的啤酒，因为这种啤酒才更为新鲜。为此乌·迷得维库的啤酒并未进行杀菌处理，所以其保质时间也只有量产啤酒的十分之一。超过一个月就必须报废。因此对于很多从世界各国远道而来的游客而言，这里的啤酒是只有当时才能品尝到的特别啤酒。

直到将啤酒递到顾客手中的那一刻，乌·迷得维库都没有放松警惕。负责招待的员工贝德乐在将啤酒递给顾客之前，会随时检验啤酒的味道。

过了晚上7点，和游客如织的白天不同，这段时间店里充满了布拉格市民，他们更喜欢一种略为特别的啤酒，那就是在橡木桶中催熟了200天制成的"X啤酒33"。这种啤酒的度数为12.6

度，和传统啤酒相比，酒精含量要高上两倍之多。这种于 2006 年开发的啤酒是寻求变化的结果。乌·迷得维库以 2006 年开发的 X 啤酒的超高人气为基础，每年都在推出全新的啤酒。

贝塞利和扬老板会一起针对新开发的啤酒交换意见、畅想未来，并考虑如何用蜂蜜酿制出美味而又强劲的啤酒。他们还会讨论顾客对甜味的看法，继续研究全新开发的啤酒。宣扬在改变食材、发酵和催熟时间后所做出的传统啤酒屋啤酒的多样性，就是当前乌·迷得维库追求的最大目标。

新产品"X 啤酒 33"

扶正倾斜的店铺

这份坚守多年传统的工作并非易事。1466 年，斯拉德罗库家族创建了乌·迷得维库，在 1900 年初大型酿酒厂层出不穷的情况下，店里依然坚持小规模的传统酿造方法。1948 年经营权收归政府，店里也改为了量产经营体制。随后进入 1989 年东欧剧变，店里才又重新获得了经营权，可这里早就丧失了原有的模样。家族后代是学医的，和啤酒毫无关联，他们也完全不打算将店铺恢复原样。

1993 年，当从对无心经营的前任经营者手中接手店铺的扬老板准备重新出发时，店铺已经是一片狼藉，在政府经营期间累积的各种问题堆得有如小山一般高。其实杨老板的专业是会计，和啤酒酿造也是毫无关联，对传统啤酒没有任何了解的他也只能四处奔波。为了解决店里所有的问题并让店铺重新走上正轨，他真的是付出了惊人的努力。

最先要开始进行的工作就是对传统的还原。他对仓库内堆积的工具重新进行了整理，并整日在图书馆和博物馆穿梭、收集资料。不仅如此，他从一开始就选择采用过去的方式来酿酒，小规模酿酒厂沿袭的传统方式，反而能够做到差别化，他相信这是一条保障自身竞争力的发展之路，扬老板找到传统酿酒工匠，尝试学习还原"须拓"的传统橡木桶酿酒方法。

在整整 6 年的努力下，店铺终于重新步入正轨，现在乌·迷得维库的啤酒再次回到了 546 年前的样子，在橡木桶中变得愈加浓郁。

还原传统之路

乌·迷得维库将在苦难历史中遗失的传统恢复原样，一直以来他们对传统的尊重已经得到了众人的称赞，还有比这更珍贵的回报吗？当初开始还原传统并不是希图任何的回报，只不过是无法坐视传统酿酒工艺的消失。

岁月沉淀下的陈旧的啤酒杯、店铺以及和历史一起走过的每一件小小的物品，对扬老板来说都如同是捷克的自尊心。

建筑物也依然留着历史的痕迹，最初的墙壁还残留着，如今已经成为了受法律保护的遗迹。扬老板想要恢复原状的不仅包括酿酒的技术，同时还包括了店铺的所有历史和传统。店里还张贴着100多年前来过小店的客人所拍摄的照片，这是扬老板千辛万苦才从收藏家手中买回的。

为了还原店里的历史和传统，乌·迷得维库买回的照片

乌·迷得维库在1466年同时创办了啤酒店和酒店，扬老板虽然也打算重新开设酒店，但因为没有开店的相应资料，未能获得许可。但在那幢建筑物楼主的帮助下，他找到了店里旧时模样的照片。在那张照片里，可以清晰地看到4个房间，借此他得到了建造房间的许可。1999年，酒店重新开始经营，在老照片中也可以看出店里对还原传统的努力。

为了修复已经荒废的酒店和酿酒厂，他足足花了6年的时间。建筑物的结构依然保持不变，只是装潢一新，房间的氛围也依然保持古董店的感觉，里面塞满了收集回来的家具和配件，重新还原了当初刚开始经营的状态。

"我迫切地渴望能够继续保持我们现在所具有的传统，而且也绝对不能仅仅满足于坚持传统，因为我们还需要满足顾客的需求。"

在纪念这里珍贵传统的同时，扬老板一直不忘继续探索，创

全新打造的"啤酒巧克力"

意并不仅仅停留在啤酒的酿造上,他还热心于打造全新的商品。两年前,为了纪念情人节,他用煮成焦糖状的啤酒制作出了啤酒巧克力,在女性顾客中引起了超大的反响,两天时间就全卖光了。

乌·迷得维库在研究不同口味啤酒的道路上从未停止过脚步,因为对于捷克人和乌·迷得维库而言,啤酒并不仅仅是单纯的饮料,而是一种文化。并不只有口渴或想要大醉一场的时候才会需要啤酒,它是人们见面聊天的媒介。扬老板认为既然在各个方面都付出了如此多的努力,乌·迷得维库也会一直将传统坚持下去,懂得过去的珍贵并且将不断寻求全新突破的努力存留在了这些浓郁的啤酒之中。

乌·迷得维库的成功秘诀

1. 用天然食材制作而成的新鲜啤酒

乌·迷得维库啤酒美味的秘诀就在于使用天然食材，使用捷克当地的水、麦芽、啤酒花、天然酵母这四种食材，不添加任何化学添加剂，酿造成天然的生啤。

2. 提供新鲜的啤酒

乌·迷得维库的啤酒没有杀菌，为的就是提供最新鲜的美味，所以其保质期只有其他啤酒的十分之一，超过一个月就过期了，这也是这里的啤酒尤为特别的原因。

3. 开发全新的啤酒

乌·迷得维库以天然啤酒屋啤酒为基础，通过调整发酵时间，推出了度数不同的各种啤酒和啤酒巧克力。被选为世界上最强劲的啤酒的酒精含量高达12.6度的"X啤酒33"以及将啤酒烹煮后制成的巧克力都拥有超高的人气，这里在坚守传统的同时又不忘记寻求突破，永不停止地书写着历史。

4. 酿造顶级啤酒的传统技术

能够采用传统方式在橡木桶中催熟，并将新鲜的啤酒完好地传递给顾客，这一切都源于乌·迷得维库员工卓尔不群的能力。他们甚至会考虑到啤酒的温度、泡沫的量、倒酒的速度，让顾客在品尝啤酒的那一刻喝到最顶级的美味。这就是乌·迷得维库的力量所在。

5. 力图还原传统的力量

在重新接手收归国有的店铺之后，扬老板最先做的事情就是还原传统。他找到工匠进行学习，并还原了传统的酿酒方式，店里的建筑风格也尽可能地保持过去的模样，就连店里的一点小小的配件也全都是文化的一部分。历史是他引以为荣的地方。现在全世界的游客都会来到乌·迷得维库感受捷克。

店 铺 信 息

地　　址　Na perštýni 7, 100 01 Praha 1, Czech Republic
官网主页　www.umedvidku.cz
电　　话　+420-224-211-916
营业时间　周一至周五 11:00～23:00/周六11:30～23:00/周日11:30～22:00

占领纽约的意大利美味

美国甜点店
凡尼艾洛

"如果我们的蛋糕能给人们带去欢乐,那就是我的幸福。"

——凡尼艾洛第四任老板罗伯特·杰瑞李

纽约甜点店"凡尼艾洛"全景

🔺 在备受全世界人喜爱的城市纽约，居住着来自世界各国的人们，这里的饮食文化也是相当的发达。19世纪后期，全世界的移民都汇聚到了纽约，意大利的移民纷纷在纽约曼哈顿的东村定居，该地区也逐渐出现了意大利餐厅、面包房、精肉店等意大利店铺。虽然已经和其他文化圈融为一体，但它们依然保持着意大利的传统，其中不乏在纽约名声显赫的店铺。这其中凡尼艾洛（Veniero's）就传承了意大利甜点的传统，并成功占据了甜点天堂纽约的招牌面包房宝座。这家传统的糕点店朴实而又古典的气氛也和东村周围的环境融为一体。

自1894年开门营业以来，来访凡尼艾洛的纽约客们就络绎不绝，而原本这家小店刚开始只是针对周围的意大利人出售咖啡和简单甜点的。118年过去了，如今它已经成为备受纽约市民喜爱的店铺，凡尼艾洛就是这样开始了它的发展之路。

凡尼艾洛的前身意大利咖啡店"杰瑞李"　　采用独特里科塔芝士的"意大利芝士蛋糕"

意大利点心店来到了纽约

　　凡尼艾洛的前身是意大利的咖啡店"杰瑞李",这是一家杰瑞李家族经营的点心店,该家族的安东尼奥·凡尼艾洛来到了纽约,创立了凡尼艾洛咖啡店。刚开始这里只是一家小型糖果店,20世纪70年代由第二任老板的舅舅弗兰克·杰瑞李负责之后,凡尼艾洛飞快地发展起来,在纽约的各项大赛上频繁获奖,演唱《我的路》的著名歌手弗兰克·辛纳屈就曾是这里的熟客。

　　从20世纪70年代后期开始制作的芝士蛋糕在机缘巧合之下收获了不错的反响。意大利芝士蛋糕使用的是一种名为里科塔芝士的独特食材,这是一种质地松软柔嫩的未经催熟的芝士,芝士蛋糕随着欧洲移民们远渡大西洋一路传到了美国,使用奶油芝士的纽约式芝士蛋糕口感柔嫩,而使用里科塔芝士的独特之处就在于除了口感甜美,还能咀嚼到颗粒。凡尼艾洛同时制作纽约式和意大利式两种芝士蛋糕,不光是食材和烤制的方法会有不同,味道上也是相距甚远。

这里所制作的纽约式芝士蛋糕是在烤箱中用蒸汽烤制而成的。在模具中放入和好的面团，倒入少许水，再在450度的火炉中进行烤制。在火炉热气的作用下，蒸汽会越来越多。在烤熟的过程中，其颜色也会变成美观的褐色，面包师会根据颜色的变化和手的触感来判断蛋糕烤制的程度。

罗伯特老板平淡地表示，凡尼艾洛的成功并没有什么与众不同的秘密，最重要的就是"要忠于顾客"。如果硬要说有什么秘诀，那么优质的蛋糕、适中的价格以及不轻易改换地址就是秘诀。一周7天，一年365天，这里总是向顾客开放，这一点比什么都要来得重要。只要是为了顾客，罗伯特老板表示他宁愿24小时营业。

虽然在这家店人们甚至需要拿号码牌等待，但等待的最后会迎来幸福的选择时刻。这里有36种蛋糕，万圣节和圣诞节的时候还会增加到48种。能够一口吞下的迷你油酥、果子挞、小蛋糕、奶油甜馅煎饼卷和芝士蛋糕是招牌。

虽然需要忍受排队等待的麻烦，但当顾客们品尝到点心的那一刻便有一种一切都得到补偿的满足感。尽管这些都是多少有些陌生的意大利甜点，但这些甜点不仅俘获了欧洲人，而且俘获了全世界人的味蕾。

对于每天访客超过300人的凡尼艾洛来说，有不少人是将产品打包带走的，但店内的桌子依然坐满了人，甚至有人举家从哥斯达黎加和法国来这里品尝芝士蛋糕。

仅使用新鲜草莓做食材的凡尼艾洛"草莓小蛋糕"

大手笔使用食材的原则

在凡尼艾洛的蛋糕之中，最畅销的当数草莓小蛋糕。这种蛋糕会在白白的鲜奶油蛋糕上放满草莓，每天的销量达到了60个到70个。厨师将糕点间里刚刚做好的蛋糕拿出来，放在陈列柜台上，糕点就会以惊人的速度销售一空。新鲜的草莓和甜美的鲜奶油以及湿润的蛋糕融合在了一起，这种草莓小蛋糕可谓是老少咸宜，大家都很爱它的美味。

这款蛋糕水润的秘诀就是在切好的蛋糕之间涂上了有香草香味的水。因为其他面包房在做蛋糕的时候，蛋糕上是什么都不抹的，所以如果在其中加入了草莓，蛋糕就会很容易变干变硬。

还有很多地方并不使用新鲜的草莓，而是使用裹在糖浆里的草莓，而凡尼艾洛则只使用当天买来的新鲜草莓，如此便在味道和质量上有了明显的差别。罐头里的糖浆和新鲜食材的差距远远超出了我们的想象，而且顾客能够准确地察觉这种差距。这家店不管是费用还是心思都投入得更多，这种说大不大说小不小的差异也正是店铺成功的秘诀之一。

对食材要求严格的凡尼艾洛当然只执着于最顶级的食材，质量低劣的食材会被立刻退回。为了优质的食材，老板不惜额外增加费用，舍得投资是从先辈开始就一直在遵守的原则。

并不是只有老板自己大手笔，面包师在制作蛋糕的过程中也很舍得使用昂贵的食材。但他们并没有什么损失，这其中也是有原因的，那就是他们的营销策略——用出售 12 个蛋糕来取代 2 个蛋糕，只有多销才会有利可图。但即便价格低廉，质量还是一如既往地保持着。换作是普通的店铺，可能会抬高价格，只出售固定的两个蛋糕，以此来赚取利润，但是凡尼艾洛却通过出售大量物美价廉的蛋糕来获得收益。

凡尼艾洛的另一大原则就是只执着于使用来自意大利的食材。一年只制作一次的意大利传统点心是最耗费工序的点心，需要花费几倍的时间和精力来制作，而且使用的也是意大利供应的传统食材。特别是像腌制过的橙皮，因价格较为昂贵，其他店铺都不使用这种食材。

对于重视食材的凡尼艾洛来说，其位于地下的食品仓库就如同它的心脏，这里聚集的全都是按照原则筛选出来的食材。只有新鲜的食材汇聚在一起，才能创造出顶级的美味，这就是店里的经营哲学。不管是在食材还是诚意上，凡尼艾洛都无可挑剔，它的美味就源自对这些原则的恪守。

在资深师傅的手中诞生的蛋糕

118 年来，造就了凡尼艾洛的地方并不是别处，而是糕点间，所有的甜点都是在这里制作而成的。在凡尼艾洛的糕点间，没有提前做好的东西，原料都是从未使用过的，其中包括构成蛋糕和甜点的所有食材，各种颜色的海绵蛋糕也都是面包师亲手在这里制作而成的。

制作糕点所使用的调制奶油也是面包师亲自制作的，准备好黄油、白糖、奶油，放在火上做出奶油泡沫。他们总是坚持着这一点，从未改变过这一原则。

虽然店里的来客总是熙熙攘攘，但很神奇的是蛋糕一直保持新鲜，就算顾客再多，这里依然保持着一贯的美味。凡尼艾洛的蛋糕在出售之前会存放在仓库之中，他们只制作当天出售的量，因为当天所准备的会全部销售一空，所以仓库也就不会累积存货了。

糕点间的一天是从早上 6 点开始的，虽然平常每天会制作 150 个蛋糕，但周末早晨的蛋糕订单几乎是平常的两倍，所以 16 位面包师需要制作超过 200 个蛋糕。他们用顶级食材和经验打造出百分之百的美味。凡尼艾洛的芝士蛋糕、草莓蛋糕和巧克力慕斯等超过 100 种甜点以新鲜的食材为基础，是面包师们老练娴熟的技巧所创造的产物。

这里大部分员工都工作了 15 年到 20 年时间，漫长的岁月里他们和店铺一路走了过来。20 年来同甘共苦的员工们已经超越了家人的关系，同事之间不仅熟悉对方的兴趣爱好，而且可以说几乎无所不知，这种坚不可摧的情感也造就了凡尼艾洛百年的历史。

厨房的员工们在各自负责的领域都是最棒的。负责完成蛋糕的 8 人以及负责和面和烤制的 8 名面包师都是自己领域的资深老手，多年来一直从事这项工作。如果是新进的员工，一天之内顶多也就能做 10 到 15 个蛋糕，但是熟练的员工一天可以做 30 到 40 个蛋糕。

20 年来负责处理草莓的面包师一手按着草莓，另一只手拿着长刀为草莓切片，其手法之快就如同武士一般。正是因为这是他做了 20 年的工作，这样的手法才会成为可能。

为蛋糕和面的工作则由资历更深的工匠来负责。要想制作出柔软又有韧性的面团，需要的不仅仅是工匠之手，他所使用的擀面杖也有 20 年的历史。他说这根擀面杖就是自己的朋友，在 20 多年来制作蛋糕的资深面包师娴熟的指尖下，唯有凡尼艾洛才有的完美蛋糕应运而生。

这就是拥有百年历史的凡尼艾洛的味道。

世代相传的热情

在凡尼艾洛隔壁的楼上设有一家单独的配送中心，这里会接受电话和网络订单，为整个美国提供送货服务。这项工作已经进行了 20 个年头，这份送货的业务也成为了让凡尼艾洛更加闻名的重要手段。

店里会为预订的顾客提前做好蛋糕，甚至有远在 3000 英里之外的洛杉矶的顾客。这家店历经了百年岁月，在当地闻名遐迩。许多小时候曾在该地区长大的人一直忘不了当年的味道，所以当他们长大后去往其他地区，依然会怀念这里的芝士蛋糕和曲奇饼。可是想要找到这么棒的意大利甜品店又谈何容易，所以就

在20多年来制作蛋糕的资深面包师娴熟的指尖下,唯有凡尼艾洛才有的完美蛋糕应运而生

算要付快递费,他们也愿意购买凡尼艾洛的蛋糕。

纽约附近的订单会由店里直接进行派送,现在位于纽约20个地区的咖啡店都可以订购凡尼艾洛的蛋糕。正是因为凡尼艾洛是顶级店铺之一,才会有如此多的客户愿意下单订购。现在负责送货业务的人是第四任老板的儿子弗兰奇·杰瑞李。罗伯特老板正将自己30年前从父亲那里学习来的知识教给儿子,他希望儿子能够学好店里的一切事务。

"当然是得从辛苦的工作开始学习起,一步步慢慢上升的,我也是从送货开始做起的,接下来就要去厨房,这孩子还得慢慢学呢。"

为了学习店铺经营,要从送货工作开始做起,其中是有原因的。在送货的过程中,能够对客户有所了解,并大大有助于维护和他们之间的关系。在完全了解送货业务之后,再开始在店内接受点单的工作。

完好地继承了意大利移民传统的凡尼艾洛在纽约大获成功,从意大利总店到纽约凡尼艾洛,在这些一脉相承的成功中都有着永不间断的对甜点的热情,而这终究造就了一百年的历史,也让纽约市长、希拉里·克林顿等无数名流都沉醉于凡尼艾洛的甜美之中。

凡尼艾洛的第四任老板罗伯特·杰瑞李也是从儿时起就一直看着父亲的经营。他的父亲非常珍惜这份事业，几乎不会顾虑到营业时间，他全身心地投入到店里，一年至少有360天在营业。

第四任老板罗伯特·杰瑞李

下单、糕点制作、送货都亲力亲为，一路亲眼见证了前辈老板们热情经营公司的一面，罗伯特老板肩上的压力也不小，他着实为将来要继承自己事业的儿子弗兰奇担心。他的父亲和祖父，以及之前的先辈们耗费如此漫长的时间经营出了如此优秀的店铺，这让他备感珍贵，而弗兰奇也才刚刚开始学习这一切。正是因为他们的牺牲造就了现如今名声大震的店铺，那种不能在自己手上毁于一旦的压力也是如影随形。但是那份想要和先辈们做得一样好，不，是想要做得比他们更好的心思，已经在他的心中绽放出了一朵热情之花。

通过危机领悟出的分享的意义

到了周末，凡尼艾洛会接到很多生日蛋糕和婚礼蛋糕的订单，特别是婚礼蛋糕，和普通蛋糕的形状以及规模都大有不同，所以制作一个这样的蛋糕需要多名面包师通力合作。这种大部分有五层的蛋糕在一层层堆积时非常重要，需要慎重地找准平衡。这是要为别人带去一辈子喜悦的蛋糕，员工们也会尤为谨慎，心意也会更加的真挚。

在开心的日子或是纪念日都不能少了蛋糕，在营造祝福气氛中没有什么是比得上蛋糕的。当然喜庆的日子、分享的日子越多，来到店里的顾客也会越多。顾客们会因为不同的原因来到店里买蛋糕，和家人或朋友一起共享愉快的时光。蛋糕必须得分着吃，而且越是美味的蛋糕，越是能让分享时的快乐加倍。

但是对凡尼艾洛来说，蛋糕不仅起到了分享快乐的作用，它还能够为悲伤或辛劳送去慰藉。虽然现如今已经地位稳固，被选为纽约三大甜点店之一，但凡尼艾洛也曾有过艰难时期。纽约的所有店铺都曾遭遇过，那就是"9·11"恐怖袭击事件时期，当时销量减少了40%，凡尼艾洛也迎来了最为艰难的危机。可凡尼艾洛并没有更多地花心思去努力增加销量，而是开始为附近的消防官兵提供赠送服务，因为此项功劳，他们还收获了感谢表彰。正是因为他们明白，消防官兵豁出自己的性命、承受自我牺牲有多么的辛苦，才会每天都为消防局送去蛋糕，他们知道蛋糕能够为对方带去慰藉。

如今罗伯特老板只要有空，就会提着蛋糕前往距离店铺5分钟路程的消防局。在人人都很艰难的时期，凡尼艾洛为人们带去了慰藉，也多亏于此，店铺才能重振旗鼓。

在艰难的状况之下，罗伯特老板没有节衣缩食，反而是更大程度地选择放手，而且还和这一地区的邻里并肩同行。因为互相之间有了分享，友情也就更加深厚。地球上的任何关系和企业都不可能独立生存，凡尼艾洛也用其自身的经历告诉了大家这一道理。和邻里分享自己的一部分，在邻里的关爱下得以继续发展，这便是感恩与谦虚的精神。凡尼艾洛通过危机再一次验证了这一事实，并迅速地找回了自己的位置。没有店铺所在地区的安宁和

需要送出的定制蛋糕

邻里的幸福，别说是百年老店，就算是千年老店也难以生存下去。

凡尼艾洛是个销售象征喜悦的蛋糕的地方，他们也非常明白自己的义务所在。凡尼艾洛所分享的并不仅仅是单纯的蛋糕，还分享着蛋糕所承载的喜悦。就是为了这个意义，如今人们才会依然在凡尼艾洛排队等待。

乡愁和回忆之地

拥有意大利传统节日的3月是凡尼艾洛最忙的一个月，因为会有不少来购买意大利传统点心的顾客。这些点心都是用多年的传统方式制成的，如今也依然忠实地遵照传统。最重要的就是在和面的时候，不能一次性将鸡蛋都放进去，而是要分开放，下面点上火之后一边搅拌一边慢慢放进去，这是为了让鸡蛋不要过熟。

红色、白色、绿色，这种传统点心上有着让人联想起意大利国旗的各色点缀，不仅漂亮，而且对意大利人而言还有着特别的意义。他们即便远离故乡，依然一直将祖国埋藏在心中。

凡尼艾洛大部分甜点的发源地都是意大利，所以它会延续意

种类丰富的蛋糕

让人联想起意大利国旗的传统点心"卡萨特"

大利的传统方式,口中所充斥着的甜蜜感会缓解人们对故乡的思念之情。那个当年经常和小女儿一起到店品尝的情景现在也成为了祖父和孙儿们一同分享的回忆。

现今世界瞬息万变,越来越难找回传统。在生活脚步更加迅速的纽约,这里是个能够让人始终如一地感受到传统美味的地方。也许25年或30年后,这些孩子又会带着自己的孩子来到这里。对人们来说,凡尼艾洛是能让人记起乡愁和回忆中的味道的地方,正如其经营哲学所说,他们在给人们带去幸福。就算再过100年,凡尼艾洛依然会坚守在原地开门营业,成为承载着人们特别回忆的地方。

许多人都说,当他们想要变得幸福时就会来这里。这里的蛋糕都是用顶级食材制作出的,总是散发出新鲜的美味,来这里采购一直都是件开心的事情。这里没有半分隐藏,都是货真价实的产品。这份坚持让人们收获幸福的愿望,也正是这里坚守了100年美味的秘诀。

凡尼艾洛的成功秘诀

1. 坚守诚意地选购食材原则

凡尼艾洛从不吝惜对食材的使用，对其他地方嫌贵而不使用的食材，只要是为了新鲜度，他们就愿意大胆使用。他们会以合理的价格供应高质的产品来提升销量、获取盈利，这样的战略定位非常的精准。

2. 老练的面包师们

这些已经共事了 20 年到 30 年的面包师们相互之间就如同家人一般。正是因为熟练，才能制作出更多的蛋糕，就算顾客再多，也能够保持一贯的出色美味。

3. 蛋糕也能送货

凡尼艾洛旁边设有单独负责接单送货的店铺，这里承接电话和网络订单，负责为全美国送货。蛋糕也能像披萨一样送货，这种全新的创意让凡尼艾洛闻名遐迩。

4. 从底层开始学习的经营课程

世代相传的继承人会从送货开始，学做所有的辛苦工作，只有了解店里的所有工作，才能成为经营者。祖辈们不分昼夜的热情经营着营业时间超长的凡尼艾洛，看着这些画面长大的继承人们也会怀揣同样的热情。

5. 分享超越商品的意义

在销量急剧下滑的"9·11"恐怖袭击事件时期，凡尼艾洛靠分享度过了难关。对于那些和这里的蛋糕共度了人生喜悦时刻的顾客来说，凡尼艾洛已经不仅仅是单纯的店铺，而是能够让人感受到乡愁和回忆的特别地点。

店 铺 信 息

地　　址　342 East 11th Street & 1st Ave, New York, USA
官网主页　www.venierospastry.com
电　　话　+1-212-674-7070
营业时间　8:00至24:00

- 宫胁卖扇庵
- 鲁道夫·谢尔
- 博约拉
- 欧巴·拉朵
- 胡开文墨厂
- 塞拉斯·罗拉

第二章

传递历史和鲜活艺术感的
百年老店

传递真心之风

日本扇子名店
宫胁卖扇庵

"宫胁卖扇庵会成为代表日本文化的扇子店。"
——宫胁卖扇庵第七任店长宫胁先生

联合国教科文组织世界文化遗产"清水寺"

🏠 位于日本古都京都市南部的古刹"清水寺"是僧侣延镇于 780 年所建的寺庙,已被选为联合国教科文组织世界文化遗产。这个洋溢着日本传统风情的地方,是来访京都的游客最常去的名胜古迹。古刹下的石路两旁已经形成了出售传统商品的街道,这里就相当于韩国的庆州。在日本国内,许多学生都会选择来这里修学旅行,而学生们会经常购买扇子作为纪念品,即便夏日已经过去了很久,还是有不少人购买扇子。

从京都作为日本首都的平安时代开始,扇子文化就一直非常发达,现在已然成为了代表京都的特产,宫胁卖扇庵可谓是因出售名品扇子而赫赫有名。

在京都,每年秋天都会举办名为"时代祭"的庆典,这项活动会展示各个时代的服装变迁史。从大约 1200 年前的平安时代一直到明治时代，在这场活动所展开的华丽游行队伍中，有样非常显眼的配饰，有人将其别在腰间，有人将其拿在手上，那便是扇子。

日本人在穿着传统服饰和服时，认为扇子是必备品，就算时代已改变，但这仍然是未曾改变的风俗，也是日本人的文化。就算现如今已不再需要用到扇子，但很多人心里依然为扇子保留了一席之地。扇子已经超越了单纯驱散炎热的作用，成为了日本文化的重要部分。

而有这么一家百年老店，在将手中的这股微风转化为文化之风上起到了至关重要的作用。在庞大的文化之风开始之际，这里依然领导着风潮，这便是完好地保存着日本扇子历史的拥有289年历史的传统扇子名店——宫胁卖扇庵。

蕴含着文化的丰富多样的扇子

店里设有一个扇子展馆，天花板上也填满了明治时代绘制的图画，这些图画是由代表着京都的48名画家亲手绘制的扇面图，因为都是1902年完成的，一张图叫价一千万日元，换算成韩币就是一亿韩币。

墙壁上同样填满了明治时代所完成的京都画家的作品，这些能够一窥当代画风的图画和天花板上的作品已经一起被纳入京都的文化遗产。除此之外，这座展馆内充满了传承189年之久的宫胁卖扇庵的历史以及整个日本扇子史的痕迹。

这座展馆展示着各种充满个性又华丽的扇子，甚至会让人惊讶扇子的种类居然可以如此多样。这里充满了可以一窥当代画风的扇子,这其中以能够看出日本扇子原型的扇子最为吸引人的眼球。正如用手纺纱线连接起来的扁柏木扇骨上所画的图案所展示的,1200年前扇子刚刚引进日本时只是贵族能够享用的配饰,这种扇子被称为"木简",可以说是一种用于在木板上写字或画画的空白练习册,拿在手中打开,可以背诵扇面上的内容。

只有贵族允许享用的配饰"木简"(上)
儿童用的"七五三扇"(下)

在这些难以轻易估量其价值的扇子上,饱含了日本历史最为悠久的扇子名店的骄傲。不仅是展馆,在出售现代商品的店铺里也可以看到样式繁多的扇子。

这其中有一种便是婚礼用的扇子,在日本,有着婚前赠送扇子做随礼的传统。新郎、新娘会互相交换一面为金一面为银的扇子,这代表着男女之间和谐的未来,扇子展开的扇面就意味着婚姻生活欣欣向荣。

还有一种儿童用的小扇子"七五三扇",也用于传统的仪式之中。当孩子长到3岁、5岁和7岁时,为了祈愿并祝贺孩子的健康成长,家人会赠送扇子。

扇子也并不仅仅是用于送礼的,双面都镌刻有相同纹样的舞蹈扇子是艺人们在演出中使用的扇子。考虑到舞蹈家们的舞蹈动作,不仅扇子双面的纹样相同,而且和其他扇子相比,这种扇子的扇柄会更重一些。这种特别的设计是为了配合舞蹈,当往上扔扇子时,扇柄的部分会先掉落下来,这样就很容易再次握在手中了。

根据用途的不同,日本的扇子大致分为 7 种——装饰用、舞蹈用、传统艺术用、节庆用、茶道用、传统礼仪用、夏季用,如果更为细化,那么根据大小、纹样、用料的不同,会分出数不清种类的扇子,甚至难以用扇子这唯一的词来定义。宫胁卖扇庵出售的就是日本文化本身。

工匠手中做出的骨架

宫胁卖扇庵只有一个信念,那就是一定要做出最棒的扇子,现如今他们也一直坚持着这样的原则。宫胁店长总是向员工们强调,绝对不能做出残次品,绝对不能二次返工。

从京都出发,开车两个小时左右,就到了滋贺县的一座很小的农业城市"安昙川"。这里以繁茂的竹林而出名,竹子是扇骨最重要的材料。生长在该地区能够忍受炎热和寒冷的竹子拥有最适合制作扇骨的特性,纤维的密度非常稠密、便于加工,因为柔软的竹子很容易折断,所以为了扇骨的弹性,必须要使用坚韧的竹子。

长出竹笋后的 3 年到 5 年之间的竹子是最适合制作扇子的材

有 65 年经验的工匠古田贯长

料。在对竹子进行精挑细选之后,最先要做的事情就是将竹子切成细薄的竹片,放在太阳下晒干。接下来就要在工匠的手中打磨成扇骨,拥有 65 年经验的古田贯长从 14 岁就开始一直从事这项工作。

虽然这项工作乍一看可能非常简单,但因为这不是用机器进行,而是要亲手制作完成的,所以需要集中注意力,稍有差池,就无法做出精美的扇子。因为在材料的筛选和制作过程中,一点小小的失误或瑕疵,都会立刻反映在产品上。

拥有 65 年经验的工匠所追求的这种毫无瑕疵的工作从用木屑浸湿竹子的纹理开始。在锯末上沾上水,精心地蘸湿竹子,等到竹子被水浸润,材料就不容易裂开,打磨的时候刀刃也不会磨得太钝,这样能够使用很久。

在浸湿竹子之后,就要开始对扇骨进行打磨了。先要将扇柄的部分削成圆形，但不能削得太深，所以要在调整力道的过程中削两回，这样一来里外的扇骨就都能合得上了。之后再精心打磨手会碰触到的部分，再在反面重复一遍之前的工序，通过这个过程所打磨出的扇骨会非常的平滑。

一次打磨的扇骨数量在2000个左右，这大概能造50把扇子。他就是这样每天做出上千个扇骨来，就算辛苦，就算年事已高，对于自己能够健健康康地工作，他心存感激。

摆在他周围的工具在我们看来全都非常陌生。在工作的过程中，有时他会根据需要亲自制作工具使用。65年来一直做着这份工作，他双手和头脑所掌握的技巧是任何人都取代不了的竞争力。

在完成打磨的工作之后，初具形状的扇骨要再一次借助阳光和风的力量，在这道工序之后，竹子的水分会被完全晒干。将扇骨展开，会看到有青色的部分，在天晴的日子里需要将这部分暴露在阳光之下，平均地晒到阳光，夏天大概四五天就足够干了。但秋冬季节则难以估量，在扇子的制作过程中还包括了等待这道工序。

宫胁卖扇庵的扇子是在87道工序之下诞生的，如此浩大工程的收尾工作是由具备25年经验的扇子制作工匠大东利恭负责的。大东的祖父和父亲也曾是制作扇子的工匠，他也算是传承了家业。

大东的工作是负责将扇子两边的片骨，即被称为大骨的扇骨打磨得平滑有光泽。经过这道工序，之前在阳光下晒干的大骨会散发出红色。将大骨打磨出光泽之后就和其他扇骨相连，用灼烧炽热的工具将捆绑着大骨和其他扇骨的橡胶融化并进行固定，这样一来扇子的整个框架就全部完成了。现在只要装上主销（固定用锁），将其摆放在京都的店里就可以了，如此京都引以为傲、日本心爱至极的传统扇子就诞生了。

通过晒干扇子的过程为竹子去除水分

在和艺术的碰撞中提升扇子的格调

公司内部保管着现如今很难看到的过去的图案资料，包括古代消防员火消师的工作服上绘制的一部分纹样。资料的内容非常的多元化，这是公司的传家之宝，也是制作扇子的源泉。这些自创业以来就一直保管着的各个时代的画家所创作的原画又会重生为光辉的创意。

设计室室长宏打算采用20世纪初被称为传统绘画巨匠的竹内栖凤的作品制作扇子，他打算将这些原画编纂成系列，制作出新年用的扇子。现如今虽还有许多渴望古典设计的顾客，但也不能忘却时代在变化，所以还需要在原画的古典纹样中添加一些现代的颜色进行调和，如此便能绘制出谁都想象不到的全新扇面图案，这一刻又有一幅全世界独一无二的图案诞生了。

保存在公司数据库中的古代图案是宫胁卖扇庵最大的财产和竞争力，新企业是绝对不会有这些资料的，他们需要创造所有的

从创业之初就一直在保管的各种扇面图案

一切。正因为宫胁卖扇庵拥有这些古典纹样，他才能在此基础上创造出现代纹样。而为了体现出这些庞大资料的价值，维护店铺的发展，新旧相融合是必须进行的工作，尊重并发展过去的工作不仅坚守了店铺，同样也保护了日本的扇子史。

传承了七代的家族力量可以用一本老书来概括，这便是第七任店长的祖父，也就是第五任店长宫胁新米店长时期所创作的书。其中记载了1901年一位一流画工创作出的扇面图案，每翻开一页都能看到扇子中所绘制的魅力风景画。

从先辈时期店里就开始和艺术人士频繁地交流，这样的历史成为宫胁卖扇庵店铺维持多年的力量源泉，也使其制作出的扇子超出了扇风工具的意义。这也是扇子名店的成功秘诀之一，所以第七任宫胁店长也一直沿袭着这份精神。

亲手绘制每一样作品

在距离宫胁卖扇庵五分钟路程的京都市中心，有一座名为

"六角堂"的寺庙，这座寺庙非常安静，平时来访的周边居民没有游客多。寺庙前面的街道曾充满了传统用品店，有许多工匠在这里安营扎寨，但是现如今已经完全改变了模样，商店也消失了不少。

家庭手工业扇面图画家所画出的图案

高岛店长曾经拜访过居住在这座街道一头的艺术家，扇面图画家元岁月一直绘制着可谓扇子之花的扇面图。他并不是在精致的画坊里，而是在简陋的书桌上完成了这一切。因为每一样都是他亲手绘制的，所以图案会略有不同，但这便是手绘的优点和魅力所在。

据说数百年前的扇子画家们也一直都是在家里绘制画作出售的，也算是一种家庭手工业，这是从先辈们那里传承下来的传统。

即便是相同的纹样，画家也会画上十张百张、一画再画，纹样的数量多到数不清，一年的制作量约为一万个。而能够亲手完成绘画，也是扇面图画家的自豪。

画家会毫无遗漏地搜集之前所绘制的扇面图案和绘画资料。为了顺利地画出顾客想要的图案，工匠也需要一个学习和熟悉的过程。感兴趣的资料是一定要收集起来的，美术馆和博物馆也是需要经常去走走的，如果平常不抽空将这些资料收集起来，在画画的时候就要吃苦头了。

现如今宫胁卖扇庵依然在靠画家的感觉来绘制扇面的每一幅

宫胁卖扇庵全景

图案,这也是先辈们的经营哲学。跨越一整个世纪,宫胁卖扇庵一直保持和艺术人士的交流,不断地创造着全新的扇子。

创造喜悦之风的地方

从大概 60 年前的 1952 年开始,宫胁卖扇庵就一直在向日本皇室供应扇子。他们不单单是经历了漫长岁月的店铺,还是出售顶级品质扇子的名店。

作为出售着无法轻易制作出的优质扇子的店铺,宫胁卖扇庵并没有什么特别的宣传手段。一把扇子的售价在 3000 到 4000 日元左右,虽然价格不菲,但来访的顾客依然络绎不绝。

早上 9 点,店里会准时开门,将门前写有店名的布旗拿下,正式开始迎接客人,一把红色的大扇子是宫胁卖扇庵唯一的宣传工具。

体现日本扇子文化的"仁风在握"

可是与之相比,放在门前的凉床反而更加引人注目,这是太太们购物期间,为丈夫们准备的休息等待区,偶尔路过的人也会使用。正如店长会一路相送到看不到客人的身影为止,这张凉床也体现出了宫胁卖扇庵对待顾客的态度,所以人们不会忘记这里,会一直来到这里。

今年已经在店里坚守了第35个年头的店长高岛彰二有一条铁律,那就是"不要光卖扇子",要饱含真心地为顾客提供顶级的服务。如果有顾客购买生日礼物,高岛店长会亲自拿起毛笔用帅气的字体写下祝贺信息,并将纸条和扇子包装在一起,算是和买者一起分享卖者的心意。

高岛店长用"仁风在握"这个词形容日本的扇子文化,这句话的意思是指"人生之风掌握在自己的手中",宫胁卖扇庵努力向人们传递着喜悦。

第七任老板宫胁先生

"我认为在经营生意的同时为顾客传递喜悦,这层含义完全囊括在了'仁风在握'这四个字之中。"

宫胁卖扇庵所出售的扇子虽是扇风的工具,但其意义已然超越了这个功能。自创业以来,虽已经经历了189年的漫长岁月,但这座屹立多年的扇子店却依然健在,这正是店里自创业以来一直坚持的信条的作用。

宫胁卖扇庵给产品赋予了价值和文化,并一直延续着让顾客开心的精神,这便是宫胁卖扇庵能够坚持长达189年历史的原因所在,也是它日后能够持续更长时间的真正原因。宫胁卖扇庵一直都是日本文化的风向标,88岁的宫胁店长表示这里只能留下优质的东西。

"不能太过执着于时代潮流,只要诚实地制作出优质的产品,那么也就不会遭人厌恶。虽然在自然淘汰下,扇子从业者会有所减少,但我们一定会坚持到最后的。"

如果单从功能性来评价扇子,对于存在空调的现代而言,已经找不到任何扇子存在的理由,可是正因为扇子已经成为了艺术、创造了文化,才能够持续100年的历史。

用一把小小的扇子征服京都并一跃成为日本文化骄傲的宫胁卖扇庵会一直守在原地,为人们扇动感动人心的风,并成为日本文化的象征。

宫胁卖扇庵的成功秘诀

1. 过去和现代的和谐

公司内部保存有过去扇面图的资料,这也成为了创意的源泉,另外店内也还留有记载着1901年一流画工们所创造的扇面图图案的书籍。正是因为这些资料的存在,店里才能创造出古典的纹样,但是时代的潮流也不容小觑,店里会在此基础上增加现代的颜色,创造出全新的扇面图。

2. 和艺术家的交流

从先辈开始,宫胁卖扇庵就一直保持着和艺术人士的交流。画家们以家庭手工业的方式供应绘画的画作,现如今的每一幅扇面图也都是由画家亲手绘制而成的,这也是先辈们的一种经营哲学。这种和艺术人士超越了一个世纪的交流创造出了全新的扇子。

3. 在手工作业下诞生的顶级扇子

对于这些人生一半以上的时间都献给扇子的工匠而言,打造出顶级扇子的自豪感让他们得以传承这里的传统。就算只制作一把,也要使用在最佳条件下生长的材料,毫无遗漏地完成87道工序,才能创造出宫胁卖扇庵的扇子,可以说这种扇子已经达到了艺术品的境界。

4. 不仅仅是扇子,同时还传递了诚实的真心

传递喜悦——这种针对顾客的经营哲学是宫胁卖扇庵自创业开始就一直坚守的信条,也成为了他们能够延续189年历史的力量。就是凭借着这种不仅仅只出售商品的信念,他们对每一位顾客都竭尽全力。

5. 制作出丰富多样的扇子

不管是作为贺礼还是用于祈愿健康,送扇子是日本人的一种传统风俗。根据大小、纹样、材料的不同,宫胁卖扇庵会制作出丰富多样的扇子,希望它们能够成为对任何人都意义非凡的礼物。

店 铺 信 息	
地　　址	京都市中京区六角通富小路东入ル大黑町80-3
官网主页	www.baisenan.co.jp
电　　话	+81-75-221-0181
营业时间	全年无休 9:00至18:00(夏令时19:00)

世界上独一无二的鞋子

奥地利皮鞋名店
鲁道夫·谢尔

"为了合脚的鞋子,我们一定要竭尽所能,做出最好的产品。"

——鲁道夫·谢尔第七任老板马库斯·谢尔

以近 200 年传统为荣的"鲁道夫·谢尔"

🔺 欧洲古城维也纳是一座拥有着各种古典建筑、音乐从不间断的艺术之都。在维亚纳的一条小巷上，有一处不管是当地居民还是游客都必定会拜访的名胜，这便是足足拥有 196 年历史的鞋店——鲁道夫·谢尔（Rudolf Scheer）。

正如每个人的脚都不一样，鞋子也没有重样的。长久的热情和知识所创造出的每一双鞋子都是这世界上独一无二的，而鲁道夫·谢尔正是这个创造唯一的地方。

"手工业是靠灵魂来完成的，用手进行的工作和机器作业的方式不同，那是有生命的，单纯凭借手工完成的鲁道夫·谢尔的鞋子就是高超技艺的成果。"

正如鲁道夫·谢尔的第七任老板马库斯·谢尔所说，这里的所有产品全都是手工制作的，另外这里制作的是和每个人的脚都非常相合的定制鞋子。为脚准备舒适的装备，这便是鲁道夫·谢尔所认为的鞋子的意义。

自 1816 年创业以来，迄今为止，鲁道夫·谢尔不仅驰名奥地利，甚至还声名远播至英国、德国、意大利。一旦成为谢尔的顾客，二次购买率就会高达 80%。由于这种为健康考虑的定制鞋子的原因，顾客的信赖度非常之高。而为了打造出顶级品质的鞋子，鲁道夫·谢尔一年只制作 250 双。

在工匠指尖诞生的皮鞋

从制作过程到店里的模样，鲁道夫·谢尔全都保持着传统，而店里的漫长历史则是从二楼开始的。欧洲顶级鞋店的认证书以及过去从皇室获得的勋章，这些都是鲁道夫·谢尔的荣誉。秉持着这份自豪感，他们为每一位顾客制作着特别的鞋子。鲁道夫·谢尔的鞋子之所以特别，是因为他们制作出了可以准确匹配每个人脚的特征并弥补其问题的鞋子，也就是所谓的治疗概念的鞋子。

来到鲁道夫·谢尔的顾客非常多样，有些客人来此想要寻找特别的鞋子，有些客人则因为健康问题来到此地。除了我们通常认为的鞋子的功能和时尚的原因之外，还有很多人因为各式各样的原因来购买鲁道夫·谢尔的鞋子。为了满足顾客对产品的需求，鞋子需要承载许多功能，这便是这里才有的哲学。

鲁道夫·谢尔的所有鞋子都是由二楼工坊里的十位娴熟的员工制作而成的，他们采用两人一组的方式，负责皮鞋制作的所有工序。而这所有过程的总负责人不是别人，正是第七任老板马库斯·谢尔，皮鞋制作的开始就源自于他的双手。

其中皮料的剪裁是老板的主要任务，因为既要准确地按照脚的大小制作，又要毫无浪费地对皮料进行剪裁，所以这是项非常重要的工作。一双鞋子所使用的皮料平均在六片到七片左右。

等到剪裁结束之后，就会贴上鞋子主人的名签、送到工坊、安排给负责的员工制作，根据

鲁道夫·谢尔会根据员工的特长指定人员负责鞋子的制作

这双鞋子所属顾客的特点，制作的员工也会有所不同。在舒适的基础上寻求特点的顾客的皮鞋、不需要花费大力气就可以制作的皮鞋、因为需要用到优质的皮料和精心打磨而需要经验丰富工匠的皮鞋等，店里会根据各种状况来决定制作鞋子的员工。而此时不仅会考虑到顾客的特点，而且还会考虑到各个员工擅长之处，从多方面考虑将工作分派给最适合的人。

等到负责的员工确定后，首先的工作就是要将木质脚模和皮料底部进行紧密粘合，这是为了按照脚掌的曲线来确定鞋底的轮廓；然后是将木质脚模固定在底部，放上皮料进行衔接的工作；为了不让皮料和木料粘在一起，在撒上粉末之后，会将皮料盖在

木质脚模上。在进入下一个阶段之前，一定要进行检查。员工们会将工作结果拿给马库斯老板看，并寻求建议。在工坊马库斯既是老板，也是建议者，他总是会确认过程中有没有失误或问题，并将错误进行改正。

根据鞋子各个部位的不同，还需要更为细致的手法，特别是踝骨所接触到的部分，因为这里的张力最强，所以制作时需要更加费心。马库斯老板光是用手触摸就能找到错误的地方，他的大拇指和食指犹如传感器，为了获得这种程度的触感经验和独属于自己的秘诀，他所耗费的时间可绝对不少，10 年前作为第七任店长继承这家店铺的马库斯曾和祖父一起共事了 20 年。

196 年的传统，欧洲顶级定制鞋店

鲁道夫·谢尔于 1816 年开始在一家红酒仓库的一角制作鞋子，经历了两代的积累，知识和技巧不断增加，而到第三任鲁道夫老板时，这里的手制皮鞋品质已经达到了巅峰。店里还为王室制作手工皮鞋，进而获得了品质认证书和皮鞋独家制作权。至今，在公司的玻璃橱窗内还依然保存着国王穿过的鞋子。

可是手工皮鞋的名声渐渐不如从前，伴随着第三任老板的去世，店里也遭遇了危机。但鲁道夫·谢尔却切身地体会到，危机即机遇，经历了王室的没落和两次世界大战之后，他们也迎来了革新的机会，在第二次世界大战爆发之后，鞋子被赋予了全新的作用。

从战场受伤回来的人需要接受整形外科的治疗，所以第五任

存放在仓库里的皮鞋木质模型

老板将焦点放在了"有益于健康的鞋子"上,并开始制作这一系列的鞋子。

在制作这一系列的鞋子时,公司迎来了转折点,并找到了手制皮鞋东山再起的契机。

公司的仓库里陈列着鲁道夫·谢尔所制作的所有木质模型。这里算是保存有4000双木质模型的鲁道夫·谢尔的小小博物馆,而保存在这里的鞋子的变迁史也成为了谢尔鞋子发展的原动力。

从创业初期开始,近200多年来一直保存着皮料的仓库同样也是鲁道夫·谢尔的宝物仓库,这里保存着约2000张皮料,包括鳄鱼皮、山羊皮、牛皮等珍贵皮料。

在过去漫长的岁月里,坚守着鲁道夫·谢尔的先辈们留下了如此贵重的遗产,并将自己的人生献给子孙后代,向他们亲自传授自己掌握的秘诀。多亏了这种方式的传承,196年来技术才能完整地传授下来,店里也才能一直生产出相同的产品和高品质的鞋子。在一个家族里就能传承这样的命脉,想来也算是一个小小的奇迹。

坚持了196年的谢尔家族没有忘记将自己所拥有的技艺传给下一代,这种信念一直传承着,也促进了谢尔皮鞋的不断发展。马库斯老板的孩子们也是从小就当爸爸的公司是游乐场,自由进出,并对制鞋工作越来越熟悉。他们正在亲身体验和学习这种自然的制鞋过程,这也是马库斯老板从祖父那里学习到的功课。

当然对下一代的传承还仅仅只是遥远未来的事情,正如祖父一直热情地工作到90岁一般,马库斯老板也认为自己还想继续从事现在的工作。如果有孩子对这一行有兴趣,他会将家业传承给孩子,但他并不认为这是义务。他还非常年轻,充满了能量,他要做的事和想做的事都还有很多,最后才是为下一代做准备。

顶级的鞋子是让脚舒服的鞋子

对于制作正常的鞋子而言,最为基本也是最重要的工作就是量脚的尺寸。可是光量尺寸是不够的,马库斯老板会通过和顾客的对话了解对方用脚的习惯,之后再开始记录不同部位的尺寸。在量尺寸的同时,他就如同医生一般,询问对方在运动时会更多地使用到哪只脚,而且会仔细记录顾客的生活习惯等。从脚面到脚踝,只要是接触到鞋子的部分都会毫无遗漏地进行记录。此时最重要的并不是准确的数值,而是工匠的感觉,因为要计算脚能够活动的空间,这就要靠工匠的感觉了。

在手工皮鞋制作过程中最重要的事情就是量脚的尺寸

考虑到顾客特点后制作而成的图案

　　在结束和顾客的商谈之后就会绘制图案，图案上测量了脚的各个部位，可以从中得知脚的形状。测量是根据多个姿势进行的，这些资料会被详细地记录在文件中。说到这份文件，就是一份汇集了顾客数据的设计图，店里会以此为基础开始工作，但也会考虑到顾客的脚型可能会产生的变化。有人会发胖，有人会变瘦，面对这样的变化，也要制作出让人穿着舒适自在的鞋子。

　　绘制图纸的下一道工序就是制作木质轮廓，也就是打磨木质模型的工作。这份工作是要将平面的图纸变成立体的形状，木质模型是左右鞋子成功与否的核心要素，需要考虑到每个顾客不同的脚型和步行时的角度，采用高超的技巧进行打磨。为了患有足底筋膜炎导致的脚后跟痛症明显的顾客，在鞋子的设计上会注意到让其穿鞋子时体重不会太过给脚底板施压。

　　在制作顾客鞋子木质模型时，马库斯老板也会考虑顾客的身体怎么活动，对方的喜好是怎么样的，只有尽可能多地满足顾客所需，才能够制作出优质的皮鞋。

在脚背的部分抹上树脂，木质模型就基本完成了。这道工序非常复杂，长的话可能需要耗时二十个小时，但是制作一双正常鞋子是绝对不能忽视木质模型的。

皮料也是不亚于木质模型的一个重要元素，皮料的选择需要考虑到顾客的健康状态。根据对方的体重以及流汗的程度等，所选皮料的厚度和材质会有所不同，鞋子只有品质够优良才能发挥其应有的功能。

当皮料运达公司后，员工们会先行检查皮料是否存在缺陷。他们会用手揉搓，观看颜色是否如常，还会故意弯折确认形成裂缝的程度。经过挑剔检查的皮料只有通过延展的工序才能正常使用，而使用多年的缝纫机的回针缝制过程也需要根据皮料的厚度和部位来调整速度。

鲁道夫·谢尔采用多年来自己所领悟的独特技巧制作出了顶级的鞋子。在他们的经营哲学中，所谓的好鞋子并不是外观抢眼或者采用昂贵的材料，而是脚穿着舒服的鞋子。直到如今，他们依然保持着手工鞋店的美名。

员工之间的关系够好才能做出优质的产品

为了成为这里的员工，首先在技艺上需要得到认可。实习过程需要耗费3年6个月的时间，实习生经过老板的测试并加入公司后，会和皮鞋工匠组成一组，经历实习过程。这套在共同工作的同时进行学习的体系，将200年的技巧慢慢传授了下去，这便是马库斯老板的战略，因为没有什么比职场前辈的经验之谈更加深入人心的了。

和前辈一起工作时，一旦有了疑惑就可以迅速得到帮助。并不是只有前后辈之间会给予建议，对于自己经历较多的领域，实习员工们也会聚在一起相互问询和教导，从中学习工作事宜。

第七任老板马库斯·谢尔

为了让员工之间的辈分关系更加缓和，鲁道夫·谢尔于一年前引入了全新的人才培训方式。不是在一位名匠的手下设置多个单纯组装鞋子的助理员工，而是引进了一位名匠和一位助理员工一起工作的全新制度。这种方式收效甚快，辈分关系不再生硬，而是建立了更为平等自由的关系，员工之间的关系也变得更好了。

曾在自己的皮鞋作坊修缮皮鞋超过20年的奥杜尔之所以会来这里，就是想要学习真正的技术。在鲁道夫·谢尔，甚至有很多人从德国和英国而来，只为学习技术。因为这里有着传承了多个世代的传统，在这里学有所成，日后在世界任何地方都能够顺利工作。

为了员工之间的纽带关系，店里还倾注了另一番努力。每周老板会和员工们一起共进两到三次午餐。锁匠、设计师、金属制造工，这些各自手艺不亚于任何人的员工，现在凭借着对皮鞋的热情走上了相同的道路。他们都想要成为马库斯一样的工匠，热情又年轻的老板用诸多创意给年轻一辈的员工们带来了很好的影响。

第二章　传递历史和鲜活艺术感的百年老店　129

谢尔的工作室是对所有人开放的，员工也可以随时邀请朋友或家人前来。能够允许家人或恋人参观工作场地的商户并不多见，在向熟人展示自己工作一面的过程中，员工们也纷纷以自己的工作为荣。而来访者在参观过工作场地之后，不仅感到了满足，也体会到了手工业的珍贵。自己的家人或朋友能够在全世界最优秀的皮鞋店里工作，真是让人备感欣慰。

待员工如家人是马库斯老板的经营哲学，当员工有困难时，他绝对不会吝惜对他们的安慰和帮助。当员工奥杜尔和妻子离婚时，老板不仅给了他不少建议，而且还帮助他工作，让奥杜尔能在休息的时候整理思绪。由于三个月没有工作，他积累了不少的债务，而为了能够让他还清债务，老板在法律过程中给予了援助。如今对他而言，公司和老板就是珍贵的家人。

所有员工都已经下班，马库斯老板还会一直留到最后，对一天的工作进行梳理。他从二十多岁就从祖父那里受到了集中注意力的教育，自从继承公司以来已经过去了十年，光是考到工匠资格证就花费了六年的时间。对这位 39 岁的年轻老板来说，皮鞋就是自己的世界。

对于手工皮鞋的特有执着和皮鞋的品质

在鲁道夫·谢尔看来，只有调动 200 年的热情和技巧才能完成一双鞋子，鞋子制作的最后一道工序就是打光。需要通过加入洗涤剂、皮料保护霜、光泽剂等三道工序，此时最重要的是需要保持不热不冷的温度，形成一道保护膜。在结束了 60 小时的漫

展示出公司历史的七层建筑物外墙

长工作后再凉干一天,鞋子就可以穿了。到顾客试穿鲁道夫·谢尔的鞋子之前,最少需要等待四周的时间,但顾客们来访这里的最大原因还是出于品质。

鲁道夫·谢尔一年制作的鞋子为 250 双,为了保持品质,他们不会制作更多的鞋子。另外鞋子上是没有商标的,因为他们自豪地认为品质就是他们的商标。

还有一样东西在鲁道夫·谢尔看来和制鞋一样的重要,那就是长达一辈子的品质保证制度。在这里购买的鞋子可以一辈子免费修理和维护,他们希望自己精心做出的鞋子能够让顾客穿得更久一些。

修缮工作也全都是手工完成的,如果想要修理鞋底和鞋跟,一天顶多只能修理五双左右。如果用机器进行,一天可以修理 30 至 40 双,但因为需要亲手进行打磨,所以每双鞋足足需要耗费一个小时的时间。等到修缮结束之后，依然需要由马库斯老板一一进行确认和检查。在鲁道夫·谢尔的经营理念中，他们凭借着工匠的自豪感完成鞋子的制作和修缮，希望顾客能够更长久地穿鞋。在现如今轻松购买、轻易抛弃的世界中，这种精神则显得尤为珍贵，而这份自豪感就是让他们的店铺得以维系196年之久的原动力。

鲁道夫·谢尔即将迎来200周年，可有趣的是，马库斯老板的经营哲学并不是面向未来，而是还原过去，他将建筑的各个角落复原成200年前的模样，这就是他的计划。他从仓库中取出沉寂许久的100年前的皮鞋工匠煤油灯，准备展示店铺的历史。

随着时间的流逝，公司大楼的外层墙面曾多次涂层，共涂有七层，这也是展示了建筑历史的证据。可是马库斯老板打算将外墙表层剥开，显露出第一层墙面来，他是想要将所有的空间都完美地复原回最开始的样子。他打算以200年为契机，还原最单纯的历史初期的面貌，再加上全新的创意，去营造更美好的未来200年。回到初衷这句话就是用在这时候的，马库斯老板坚决地表示，除了世代相传的历史之外，这里不需要任何粉饰。

"这就是我打算做的事情，随着时间的流逝而渐渐褪色，这是不是看上去特别美丽呢？我打算日后也要长时间地坚持这件事。"

过去的196年漫长岁月里，店里从不急促前行，而是放缓脚步，鲁道夫·谢尔现如今也仍然缓慢地前进着。

鲁道夫·谢尔的成功秘诀

1. 考虑到顾客的动向的健康鞋子

在鲁道夫·谢尔看来,鞋子制作的第一步就是对顾客的访问,因为对顾客的了如指掌是制作出优质鞋子的第一步。不光是脚的尺寸、特点和顾客体重,就连身体动向、喜好如何都会是制作鞋子时的考量因素。脚穿起来最舒服的鞋子才是好鞋子,这种哲学造就了今天的鲁道夫·谢尔。

2. 手工制作出的全世界独一无二的鞋子

从制作鞋子轮廓的木质模型的制作开始,皮料的剪裁、脚底板的粘合、裁缝、回针缝制、皮鞋鞋跟粘合、脚底板上色,直到鞋子的完成,没有任何一个环节是不需要手工进行的,最少需要耗费 60 个小时以上的时间才能完成一双鞋子。为了制作出最顶级的鞋子,一年所制作的鞋子不超过 250 双。

3. 靠有益于健康的鞋子克服危机

19 世纪后半期,虽然鲁道夫·谢尔曾是名不虚传的欧洲最顶级鞋店,但当时在经营中也遭遇了最大的危机。进入 20 世纪,人们渐渐对手工艺失去兴趣,此时店里将危机当作机遇,在制作鞋子时将重点放在了"有益于健康的鞋子"上。这之后,他们就一直将制作穿着舒服的鞋子作为经营哲学,直到现如今也一直坚守着手工艺鞋店的美名。

4. 一对一传授的员工培训

鲁道夫·谢尔引进了一名名匠和一名助理员工一起工作的全新人才培养方式,公司的战略是希望通过这种在共同工作的同时进行学习的系统,慢慢地将技巧传授下去。如果有疑惑的地方可以立刻提出询问,这样在技术的学习上也会更加高效。多亏了这种制度的实施,辈分关系也变得更加缓和,员工之间的纽带也愈加紧密。

店铺信息
地　　址　　Bräunerstraâe 4, 1010 Vienna, Austria
官网主页　　www.scheer.at
电　　话　　+43-1-5338084

坚守岁月的痕迹

意大利手工皮包名店
博约拉

"不仅是对我们的包很满意的人,就连那些不满意的人来访,我们也会开心迎接,这便是制作皮包的我们的义务。"

——博约拉第三任老板塞尔吉乌斯·博约拉

⬆ 位于意大利中部的佛罗伦萨是文艺复兴的发源地，不管从哪个角度来看都充满了中世纪的风情，可以说整座城市就是一件艺术品。

今年已经 81 岁高龄的塞尔吉乌斯·博约拉是一位皮包设计师，他出生于佛罗伦萨，60 多年来一直从事着皮包设计师的工作。从佛罗伦萨的火车站通往多莫教堂的中心街道上坐落着塞尔吉乌斯的店铺博约拉（Bojola）。过去的 106 年里，这个皮包店从未换过店址。

从公务用公文包到旅游用皮包，甚至还有女性的手提包，出售着 40 多种皮包的博约拉的最大特征就是"皮包专卖"。和世人皆知的大品牌相比，拥有 106 年传统的手工皮包名店博约拉做出了价值非凡的"作品"。

传承家族历史的家族力量

第一任老板菲利斯·博约拉于 1906 年创办了博约拉，直到现在，这里依然坚持用手工艺制作皮包。他们的技艺在漫长历史的沉淀下变得更加娴熟，1953 年华特·迪士尼也曾购买过博约拉的皮包。

106 年来，为毫不动摇地走在皮包制作之路上的博约拉奠定根基的是世代传承店铺的博约拉家族。在店铺负责销售的弗朗西斯科·博约拉是塞尔吉乌斯老板的长子，二儿子罗伦佐·博约拉负责管理产品的生产。店铺的第三任老板塞尔吉乌斯 20 多年前就将经营权转给了子女，可是他依然作为设计皮包的工匠，坚守

位于通往佛罗伦萨多莫教堂中心街道的"博约拉"

在博约拉。

距店铺 10 分钟距离处有一家仓库,虽然破落狭窄,但可以算得上是博约拉的历史博物馆。这里摆放着许多店里看不到的形状特别的皮包,由于皮包种类实在是太多了,想要都看完,至少要花上几天的时间。这些全都是塞尔吉乌斯老板以及他的父亲、祖父所制作的产品,包括 80 年代制作的旅行包。这里还保留着塞尔吉乌斯老板第一次制作的带轮子的旅行皮包。

60 多年前,塞尔吉乌斯老板用塑料制作出四方形框架,再在上面加上皮料和轮子,这个皮包当时在整个意大利都引起了巨大反响。多年之后,这些产品不会再继续生产,因为随着关注点的转移,人们的喜好也会有所改变,可是他那制作皮包的决心却从未改变过。

"如果皮料够好,哪怕是多年的皮包,状态也依然绝佳;

如果皮料不够好,就算没用多久的皮包,看上去也会像100年前的皮包一样陈旧。"

在塞尔吉乌斯老板看来,如今制作皮包所使用的大部分皮料用不了100年就会变形。他并不想成为比其他人出色多少的人,而只是想要制作出更好的产品,这就是他一直坚守的信念。

优质皮料的条件

用植物性材料制作而成的"贝拉裴勒"

塞尔吉乌斯老板的长子弗朗西斯科对传承家族技艺怀有莫大的责任感。距离佛罗伦萨大约一个小时车程的比萨,是意大利屈指可数的最顶级的皮料生产地,弗朗西斯科每周都会去比萨的制革工厂一次。博约拉一直只采购这里加工的天然牛皮,今年已经是第二十个年头,这里生产量的20%~50%都会供应给博约拉。

博约拉之所以会坚持使用这里的皮料,其中有着特别的原因。为了防止蛋白质导致的皮料的腐败、提升皮料的保存性,皮料会经过一系列的加工工序。此时不使用化工药物,而是借助于一种从植物的叶子和茎干中提取出的名为"鞣酸"的材料。从加工再到染色工序,所有的过程中只使用植物性材料,如此生产出的皮料在意大利被称为贝拉裴勒（Vera Pelle），意思是"真皮"。它对人体无害，使用得越频繁皮料越柔软，随着时间的流逝，皮料本身所带有的风情会依然留存。

根据品类的不同，博约拉所使用的天然皮料的用处也会有所不同。柔软漂亮的皮料用于制作女性皮包，坚硬的皮料用于制作类似公文包这种需要定型的产品，而更硬实一点的皮料会用于制作皮带。

被博约拉选为优质皮料的条件除了质感还有一样东西，那就是皮料的香味。比方说用铬这样的化学材料进行加工，就算完成了产品也依然会散发出药品的气味。皮料所散发的香味足以成为产品的一大优点，而且随着时间的流逝，皮料的柔软和香味必须要能够保持下去。

工匠一针一线缝制出的名牌皮包

从店铺所在的市中心出发，开车 30 分钟左右便能到达博约拉的工作室。这里负责制作博约拉的所有皮包，博约拉的皮料会在这个工作室里由负责皮料剪裁工作和裁缝工作的两位工匠进行制作。塞尔吉乌斯老板确信，只有当所有员工都成为店里的主人时，才能完成优质的产品。对于塞尔吉乌斯老板而言，这些工匠就犹如自己的兄弟一般，大家一起成长，形成了和谐的关系。

在过去的 50 多年中，在塞尔吉乌斯老板身边坚守着博约拉的裁缝乔凡尼是专门负责剪裁皮料的工匠。就算皮料的手感再怎么柔软，也只有剪裁得好，才能够生产出上呈的皮包。因为皮料

负责剪裁博约拉皮料的乔凡尼

有延展的特点,所以很难裁剪成一定的规格,因此为了很好地对皮料进行剪裁,需要拥有多年经验且技艺娴熟的工匠。

乔凡尼一直负责博约拉的皮料剪裁工作,单凭手就能剪裁得不差半分。最近大家都会将数据录入电脑,之后由机器来进行皮料的剪裁,但是手工剪裁却能更好地节约皮料,因为这里包含着有效剪裁整块皮料的技巧。用这样的技巧来剪裁,丢弃的部分会比较少,也能够最大程度地善用皮料;而且根据皮包的外形来决定皮料的部位,让皮包显得更加美丽,这种融会贯通也只有人可以做到。他自豪地介绍说,做这种工作的人就叫作皮料剪裁师。

根据皮包种类的不同,乔凡尼会利用各式各样不同的纸质模型来进行剪裁,数百种纸质模型是拥有106年传统的博约拉所拥有的宝贵财产。不管是十遍还是一百遍,工匠都会剪裁出平均的形状,而秘诀就在于漫长岁月所累积的技巧,这就是经验的力量。

等到剪裁完毕后，皮料就会转给负责裁缝和组装的工匠艾蕾娜女士手中。艾蕾娜在博约拉工作之前，一直在著名品牌企业工作。但是在那里虽然可以和上司交谈，却没有办法和公司老板亲自交谈。在博约拉她可以亲自见到公司的老板，并就如何提升皮包的质量共同摸索方案。

在艾蕾娜完成裁缝之后，又会开始准备另一项工作，那就是在皮包上加纽扣并连接皮包的包带。就算不单独标记相应的位置，他们也能准确找到配件的位置，工匠光靠手中的感觉就能够完成工作。在所有的制作过程中，有一项在博约拉看来意义最为重大的工作，那就是镌刻名字。将烤制滚烫的铁块印章按压在皮料上，在深深镌刻的名字里饱含着佛罗伦萨手工皮包名店的自豪感以及博约拉家族的荣誉。

博约拉并不反对其他地方山寨他们的皮包，因为这也就意味着博约拉的皮包相当出色，他们反而会因此感到高兴。在山寨包上标其他名字是无妨的，但他们绝不容忍在上面标注博约拉的名字，因为如果山寨包有瑕疵，那么人们就会以为是博约拉的皮包出了问题，这份损失都会由博约拉来承担。

为顾客着想的经营哲学

这种手工艺工匠所制作的皮包的真正价值只有使用过的人才会明了。有些皮包用了至少 20 年，但因为顾客产生了情感，想要继续使用，顾客还会再次拿着皮包来店里修缮。

博约拉一年平均会收到约 10 件的修缮委托，大部分都是数十年前所制作的产品。有些顾客送来的物品年代久远，甚至连配件都很难找到，此时店里就会搜遍整个佛罗伦萨寻找相似的配件。塞尔吉乌斯老板在修缮工作中感

第三任老板塞尔吉乌斯·博约拉

到了胜过一切的非凡意义，顾客们是出于对自己的相信才会将皮包送来，这令他非常开心，而在满足顾客要求的同时他也倍感欣慰。

为了顾客，博约拉还有一条不遗余力坚持着的铁律——等到皮包完成后，乔凡尼会准确测量皮包的面积。这是为了计算所使用的材料用量，进而来评定价格。没有泡沫的价格也是博约拉的隐形竞争力之一。

比方说，如果长度为 0.5 米，那么会在此基础上乘以每米皮料的价格；如果皮料的价格为 15 欧元，那么 0.5 米乘以 15，7.5 欧元就是皮料的价格。然后再加上各种配件，整理成列表进行计算，这样就能算出所有材料的价格。如此测算出材料的费用，在此金额的基础上再加上 57% 进行出售，就是加上人工费和店铺经营费的价格。皮包的平均售价为 200 欧元，约合 277.5 美元，钱包则为 88 美元左右。

一天平均会有 100 多名顾客来访，其中有超过一半的客人都

是游客，因为随着店里名声的提高，这里甚至被列入了海外的导游书中。这块从 106 年前就坚守下来的基地，如今已经成为了博约拉最大的宣传手段，因为其位于佛罗伦萨游客行动路线的中心路段，所以找起来也很方便。

博约拉的进化从未停止

在休店的星期天，博约拉家族也如往常一样繁忙，负责宣传工作的罗伦佐将房内装修成录影棚的样子，每个月亲自拍上一两次照片，这是为了在他三年前开始运营的博约拉官网上展示产品。博约拉通过官网和顾客进行交流，随时对顾客要求的事项进行确认，并将其反映在制作中，以此来提高产品的完成度。自从开启官网后，销售量得到了增长，海外的顾客在看过官网之后也开始来访，不断有人计划到达意大利的时候，将访问博约拉店规划入行程之中。正是因为这个原因，销售才会增加，网络销量也渐渐提升。官网提升了博约拉品牌的知名度，也起到了宣传店铺历史的作用。

博约拉正在持续不断地进化着，最近晋升为博约拉人气商品的皮包是可以水洗的。有一次塞尔吉乌斯老板前往鞣革工厂，看到工人将皮革展开烘干，那块皮非常的柔软，他就开始考虑："为什么不能用来制作皮包呢？"所以他就上前一问，才知道在干燥状态下，这种皮可以放置更久，也会变得更加的柔软，之后他就开始尝试制作。他将皮放入水中几天后，反复地进行干燥，结果创造出了全新的皮包。

在塞尔吉乌斯老板坚持不懈的努力下诞生的皮包设计

皮很不耐湿气,一旦被水淋湿就很容易变形,但塞尔吉乌斯老板所制作的皮包可以像衣物一般,加入洗涤剂后进行水洗,放入洗衣机里转,皮包会洗得干净如新。和普通的皮料相比,这种皮料的加工要耗费两倍的时间,材质非常的柔软,不会有变形的危险。而且这种皮料也很耐热,一旦皮料烘干,甚至还可以进行熨烫,这是过去10年中经历无数次失败后所收获的成果。

即使到了深夜,塞尔吉乌斯老板依然会坚守在书桌前构想着全新的创意,他那满是皱纹的脸上仍然充满了尚未熄灭的热情。他认为自己是个灵感很多的人,一旦想起什么创意就会立刻开始工作。当他走在路上看到某个女人提着的包,就会产生做个同类型皮包的想法,即便这种包已经不再流行,是很久之前的款式,他也毫不在意,并打算一试。

博约拉不会大批量制作,也不会生产一系列的产品,只有当每次有灵感时，才会制作出相应的单品。这里只会制作自己想做的，也不会只制作当季的产品，塞尔吉乌斯·博约拉老板表示希望自己一直是个手工艺工匠。

在过去的 106 年，博约拉所追求的目标只有一个，那就是制作出比其他人更加优质的产品，如今博约拉依然怀着这个信念在佛罗伦萨制作着皮包。

博约拉的成功秘诀

1. 挑选顶级皮料

博约拉已经连续 20 年只从位于比萨的制革工厂采购皮料了。为了防止皮料的腐败并增加皮料的保存性,这个加工天然牛皮的企业不会在加工过程中添加化学药品,而是使用从植物的叶子和茎干中提取的鞣酸。另外博约拉在制作皮包时还会考虑到皮料的质感和香味,只会用顶级的皮料来进行制作。

2. 工匠制作的坚韧的皮包

博约拉并不会用机器对皮料进行剪裁。在制作公文包、旅游包、手提包等各式皮包时,他们都会使用纸质模型,由工匠亲自对皮料进行剪裁,之后包括裁缝、加搭扣的工作,甚至是镌刻商标的工作也全都是经由手工完成的,这就是博约拉的制作铁律。

3. 合理的价格和修缮服务

虽然博约拉不会大批制作产品,但价格的定位却非常合理,他们会在考虑到材料的用量后进行计算,并在此金额基础上加上包括人工费和运营费在内的 57% 后再进行出售,这种毫无泡沫的价格是其重要的竞争力。另外历经数十年的陈旧皮包也能在这里修缮,这种以顾客为中心的哲学也是备受消费者喜爱的秘诀。

4. 在各自的岗位上做好自己本分的家人们

博约拉家族都在各自固有的活动领域内完成自己的本分,坚守着这家店铺。第三任老板也就是作为父亲的塞尔吉乌斯对皮包的设计和制作进行整体的把关,长子弗朗西斯科负责销售,二子罗伦佐负责宣传,女儿芭芭拉负责产品生产。从第一代一直传承到第四代的今天,传承了 106 年漫长岁月的博约拉的隐形力量就是家族精英。

5. 在反复研究中进化

第三任塞尔吉乌斯老板虽然已经将经营权交给了子女,但依然会有全新的灵感,并开发制作新产品。只要他有了创意,就会立刻付诸实践。他甚至实现了重大改革,开发出了可以水洗和熨烫的皮包。另外博约拉还开启了官网,同时进行着网络销售,以此走近全世界的顾客。

店 铺 信 息	
地　　址	Bojola srl Via dei Rondinelli 25r 50123 Florence, Itlay
官网主页	www.bojola.it
电　　话	+39-055-21-11-55
营业时间	周一至周六 10:00 ~ 13:00, 15:30 ~ 19:30

从大自然中收获的105年的浓郁香味

法国天然肥皂店
欧巴·拉朵

"我们的小小肥皂会一天天地记录历史。"

——欧巴·拉朵第六任老板让·路易·保罗

从位于法国南部的普罗旺斯的阿尔卑斯蓝色海岸区经过地中海，再深入进去，便能看到一个褐色屋顶成群的小城市，这便是著名的度假城市萨隆。村里的石径上贴有诺查丹玛斯的名

诺查丹玛斯的著作《化妆技巧和制作方法》

字，这里就是预言家诺查丹玛斯度过余生的地方，也是他的坟墓所在地。

这里有纪念他的博物馆，其中还有一本未曾放在这里展示的珍贵书籍，那就是 1555 年写成的著作《化妆技巧和制作方法》。这本书里详细记录了肥皂的制作和使用方法，曾是预言家也是医生的诺查丹玛斯在清洁问题上最强调的就是肥皂。不仅记载了有关肥皂的事情，书中记载了使用带有玫瑰香味的水洗手的方法，他建议大家随身携带肥皂，以保持自身清洁。

在卫生概念匮乏的数百年前，肥皂的出现可谓是划时代的。以贸易发达的港口城市为中心，肥皂产业异常繁荣，这座城市也曾享受过当时的荣华。城市里还保留着当年制作肥皂的工匠们所生活过的地方，如今看到那些依然美丽的建筑物，就能够知晓当时肥皂制造商和精油生产商有多么富裕。

虽然当年无数的肥皂公司如今大部分都已消失，但依然有传承至今的店铺，那就是传承了马赛肥皂命脉，并保留有 105 年传统的肥皂名店欧巴・拉朵（Rampal Latour）。

传承马赛肥皂的命脉的"欧巴·拉朵"

传统和潜力的 100 年

到第二任扎克·欧巴担任老板的 80 年代,欧巴·拉朵一直在马赛地区制作肥皂。可是自第三任皮埃罗·欧巴在博览会上荣获肥皂金牌后,就正式将公司迁到普罗旺斯地区的萨隆开始创业,那之后皮埃罗·欧巴老板和他的兄弟弗朗索瓦老板一起又传承给了第四代。

1940 年,第五任勒奈·欧巴老板成为了继承人。随着时代的流逝,每次改变经营团队时,公司的名字也随之变成欧巴·福雷诺、欧巴·约翰、欧巴·塔图等,让·路易·保罗和妻子一起于 2004 年接手了公司,也就有了现如今欧巴·拉朵的名字。

第五任老板身后没有继承人,在这种危机状况之下,他极其戏剧性地遇到了让·保罗,勒奈·欧巴老板选择了让·保罗,同样地,让·保罗也选择了欧巴老板。

在正式接手公司之前的六个月里，为了传授欧巴的秘方，让·保罗开始进入肥皂店学习，在这个过程中欧巴确认对方就是能够尊重公司并能发展公司的那个人。2004 年 7 月 1 日，让·保罗正式接手公司。

原本曾是银行职员的让·保罗在负责肥皂工厂之前也曾有过些许的犹豫，可是第一次开启肥皂店大门的那一刻，他的想法就完全改变了。当他站在公司里时，感觉自己进入了一个世纪之前的肥皂历史之中，装满整个公司的产品的氛围、香气以及工作的员工们，这所有的一切都让他一见钟情。

在成为肥皂工厂老板之前，给予他最大帮助的人就是妻子伊莲娜。曾是艺术史专业的妻子当时沉醉于肥皂历史的魅力之中，因此公司的转让工作进行得非常顺利。妻子所看到的并不是破烂的现在，而是隐藏着的未来。从地点所具备的传统性以及肥皂产品的品质中，妻子看到了巨大的潜力，所以她建议丈夫担任老板一职。虽然规模比较小，但在接手公司之后，大家依然非常期待美好的未来。如果当初他们忽略了这份传统和潜力，也许这 100 年的命脉就要被切断了。

制作之人的自尊心

拥有 105 年传统的肥皂店欧巴·拉朵第一次开门营业之后，就一直坚守在同一个位置上。虽然店内的景象发生了一点改变，但 100 年前的那些工具正代替时钟诉说着逝去的岁月。在这里，传统并不仅仅只是单纯的过去，他们一直固守着传统的方式，只

六面体的肥皂"欧巴·拉朵"

使用纯粹的植物油，不添加任何人工香精或色素。

欧巴·拉朵深受人们的喜爱，自 1907 年开始到现如今始终如一。他们在开拓着天然产品这个市场的同时还保留着肥皂的传统，在公司繁荣昌盛的同时又坚守着传统的方式。过去 100 年的痕迹一直保存在公司所准备的一间小小的博物馆内，这个可以看到马赛肥皂历史的地方详细地记录着公司的过去和现在。

普罗旺斯地区的传统马赛肥皂以其六面体的形状而闻名，这种写有"顶级纯度"的肥皂是典型的传统肥皂。因为马赛肥皂最重要的就是材料，所以必须要采用能够保留材料功效的传统方式制作。

店里有一面墙都是用肥皂装饰的，足足有 6 米长的肥皂"瓷砖"砌得整整齐齐。这些用来代替真实瓷砖的肥皂就是欧巴的记录照片。店铺各个地方都摆有能够体现历史的陈旧工具和配件，还有一些在肥皂工厂使用的传统工具，过去公司的肥皂工匠们曾使用过的所有老式图章全都被再现了出来。这些是从 19 世纪末开始使用的,肥皂工匠会在肥皂上盖上自己的图章以便进行识别。过去的肥皂工匠们为了差别化,会在肥皂上盖上固有的印章,上面是拿着肥皂的人形,下面则是肥皂工厂所在地名。另一方面,工匠们还会刻上一种马赛肥皂的特有花纹,这本身就代表了制作肥皂之人的自豪感。

前往店铺旁边的工厂,则能看到另一番与众不同的景象,这里正按照传统方式制作肥皂。在欧巴的第一家工厂,一直沿用着公司最初开门营业时所使用的方式来制作肥皂。他们之所以采用100年前的机器并固守传统方式,并不只是为了回忆过往,因为只有采用传统方式,才能制作出唯有欧巴才有的特殊的肥皂。而且这并不是任何人都能制作的,只有工匠才被允许制作。

正因为让·保罗知晓工匠的重要性和作用,所以他在负责欧巴·拉朵的经营时,也形成了自己的经营哲学,那便是"以人为本"。早在他来这里之前,店里的员工就一直坚持着自己的工作,这些超过20至30年工龄的员工,在新任老板看来无异于是自己的老师。所以他抱持着这样的想法,尊重他们的技巧,并由此获得了员工的心。

"我们在制作肥皂的过程中最为看重的并不是产品的质量或传统,而是一起共呼吸的公司的人们。"

这些人都是30多年来始终如一地在制作着肥皂,为了一块小小的肥皂,这些人在坚守传统的同时又梦想着下一个100年,日后肥皂史的一页上会留下欧巴·拉朵的人们的身影。

只有老板知道的传统秘方

在欧巴·拉朵的工厂里,一般一天会生产将近6000块肥皂,而其种类则多达46种。这些从100年前的开始出售的肥皂,现在已经出口到英国、比利时、美国,甚至中国台湾等全世界各个地区。

"为了维护优秀的品质,我们会竭尽自己所能,我们必须尽最大努力向更多的消费者展示最优质的商品,这就是我们的经营哲学。"

正如让·保罗所说,欧巴的小小肥皂产业因为人们朴素的执着和100年时间的历练而变得更加坚固。从第一任到第六任老板,筛选原料的诀窍只传授给经营者一人。制作皂基的原料是经由数十年发展而来的,这是累积了100年的欧巴·拉朵的专属秘方。之所以要如此彻底地保护机密,是因为优质肥皂的关键就取决于这一步。

欧巴·拉朵肥皂的基底主材料是椰子油、橄榄油等植物油,而皂基的原料不仅来自法国,还有马来西亚、哥伦比亚、西班牙等其他各国。

基底和肥皂所需的材料取决肥皂香味的精华油和各种添加物,根据容量的特点和用途的不同,精华油和添加物的种类也会有所不同,但化学成分添加得越多,皮肤就会越干燥。这里肥皂的特点之一就是在制作精华油时,原料的含量相对比其他肥皂要高。

在制作欧巴肥皂时,最重要的秘诀是混合皂基和精华油的技术。让香味很好地混合在肥皂之中，并让香味持久、保持肥皂的生命力，其关键就在于这个混合的过程。为了保密，混合会由保罗独自在工厂二楼完成。他会先将准备好的皂基用机器切好，而连接一、二楼的机器是为了保密而特别制作的，这个机器会将二楼切好的皂基送到一楼。

为了制作出柔和又坚实的肥皂，会按照完全不同的形状反复对皂基进行粉碎和压榨。和其他

第六任老板让·路易·保罗

机器相比，这种压榨力要高出三倍左右的机器是欧巴·拉朵最大的竞争力，这种由 60 年前的先辈老板亲自设计的机器一直传承至今。将烘干的皂基切成如面条般尽可能细薄的形状，之后再过一遍机器，形状又会再改变一次。

切割的过程不是两次而是五次，每个过程中都会经过三个擀面杖擀制，总共切割五次。只有这样切割好，才能很好地与精华油相混合，肥皂也才能压缩得好。硬实的肥皂是基本，而压缩完好不仅能让香味保持持久，更能使肥皂柔和。在为肥皂定型之后，大概会进行一个星期的室内干燥，只有这样欧巴·拉朵的专属肥皂才算完成。这样制作而成的肥皂使用到最后都不会裂成碎块或变软，圆形的天然肥皂是现在欧巴·拉朵人气最高的肥皂。

第二章　传递历史和鲜活艺术感的百年老店

制作肥皂时最重要的混合过程

欧巴肥皂在反复粉碎和压榨后完成

开拓有机天然肥皂市场

　　欧巴·拉朵店铺不仅来访的镇民很多,甚至许多来普罗旺斯的游客都会来到这个旅游名胜,鼻子所嗅到的肥皂香味就如同薰衣草或丁香花香味般魅惑着人们。这家公司的产品是不添加化学成分的有机产品,所以被认为对人体有益。因为肥皂本身非常的柔和而且对皮肤没有刺激性,所以用过的人一般都只会使用这里的肥皂。

　　提起欧巴·拉朵的历史,就绝对不能忘记它的前身——马赛肥皂。在马赛,肥皂产业盛行的16世纪被称为法国肥皂的黄金期,从路易十四世开始严格限制在肥皂中使用动物型脂肪和化学成分。为了提升肥皂的质量,1688年,国家颁发了肥皂制作规格书,并将肥皂独家制作权给了马赛地区,当时的契机促成了使用植物油作为主材料的马赛肥皂的诞生。当地使用的是含有72%植物油并以橄榄油为基础的皂基,"72%的植物油保证"、"使用橄榄油皂基",只有盖上这样的成分标识,才是真正的马赛肥皂。

从数百年前开始，马赛地区就是广为人知的肥皂之都，并获得了全世界的认可。可是随着化学材料的开发，肥皂开始大批量生产，马赛的无数肥皂公司也消失不见了。而面对这样的危机，欧巴·拉朵依然坚持传统、始终如一。

以橄榄油为基础的马赛肥皂"欧巴·拉朵"

欧巴·拉朵是以马赛肥皂为出发点，于 1900 年在法国世博会上获得了金牌，备受认可。之后欧巴·拉朵以传统方式为基础，不断尝试革新，开发出了洗脸肥皂、肥皂粉等产品。1935 年开发出用来擦身子的小肥皂，1951 年开发出水肥皂，而 1960 年则创造出了散发香味的天然肥皂，另外 1980 年还开发出了用来洗衣的肥皂粉。就这样历经了 100 年到现在，欧巴·拉朵已经成长为可以向全世界出口天然肥皂的公司。

自保罗负责欧巴·拉朵之后，有件事他一直全身心投入去进行，那就是通过有机认证，让天然原料获得公开的认可。在接手公司时，欧巴的肥皂虽然品质优秀，但还处于缺少获得检验认证的状态，所以顾客即便购买到了优质的产品，也不知道该项产品究竟好在哪里。所以让·保罗一开始的工作就是要打造欧巴肥皂的品牌，确立人们对"欧巴·拉朵所生产的肥皂"的认知。他一边重新整顿产品，一边整理文件，通过 3 年来坚持不懈的努力，公司终于获得了有机认证。

完好承载着普罗旺斯的自然的肥皂

欧巴·拉朵之所以能够传承100年，其秘诀之一就是只使用纯粹的天然原料。普罗旺斯四周全都是薰衣草园，而且橄榄树也相当出名，是个非常适合采购天然精华油的地方。欧巴·拉朵会和只使用天然有机材料的农场进行交易，在获得有机认证之后，如果向公司供应精华油的农场有了全新的原料，让·保罗老板会亲自拜访、仔细确认。

在这座农场，材料全都在低温下保存，这是为了消灭材料中残留的昆虫，因为这些是要用来制作肥皂的，所以连杀虫药都不能使用。用这种方式进行保存，就能在不腐败的状态下保存更长的时间。而薰衣草花也会一朵朵亲手摘下，这种对于每一种原材料都倾注心血的诚意就是延续了欧巴百年历史的力量。

不仅是原料，蒸馏机器和方法对精华油的品质也有很大的影响，因为肥皂的香味就取决于这一步。将植物和水蒸气依次放入提取精油的蒸馏机器之中，当水蒸气和植物相混合，就能提取出主要成分精油。这家公司使用的是非常干净的天然水，在极低的温度和压力下慢慢地进行蒸馏作业，因为只有这样才能保存原材料的成分和组织，也才能将香味融入肥皂之中。只使用天然材料的天然肥皂香味浓郁而又芬芳。

普罗旺斯的自然成为了欧巴·拉朵的天然原料库，让·保罗老板总是希望能够回馈一直给予自己馈赠的大自然，所以他一直非常重视环境问题。肥皂的所有材料都来源于大自然，所以保护环境对于公司的生存而言非常重要，因此才会想到使用木质包装材料。

木质包装材料在成本上要比普通的塑料包装纸高出足足四倍,但一张包装纸会用于包装三块肥皂,因此性价比算是比较高的。一方面这是出于保护自然和环境的考量,另一方面也是为了能够维持一个不会让消费者有压力的价格。连包装纸都采用天然材料的肥皂不会留下一点点的垃圾,废品会全数回到大自然。

为了另一个百年

肥皂的历史足足有 1000 年,而欧巴·拉朵制作肥皂的时间有 100 年。欧巴·拉朵之所以能够存活超过一个世纪的时间,正是因为他们并没有停留在原地,而是一直坚持不懈地努力开发全新的肥皂,与此同时又坚守了对传统的信念。超过一个世纪以来,欧巴·拉朵一直沿用着公司创立之初的方式制作肥皂、传承命脉。

最近欧巴·拉朵一直致力于开发新产品,从过去的工厂出来,穿过一条小巷,感觉上就像是一下子从 19 世纪跳到了 21 世纪。这里就是拥有着尖端设备的新工厂,装配上就和传统工厂有着天壤之别。为了有机产品和肥皂液的制作,这座工厂配备了不锈钢设备。为了处理一些对细菌非常敏感的原料,在卫生方面一定要非常严格。

液体产品的生命在于恰当的稀稠度,光是流经工匠之手就能调配出最佳的浓度,凭借手上残留的感觉就能够了解品质,这和洗澡时的感觉息息相关。不能太稀释太有流动性,人们不太喜欢

洗发水和沐浴露太有流动性的感觉。

在保存马赛肥皂的传统和技术的基础上,他们也在用现代化的技术制作天然有机产品,这就是为未来100年做准备的欧巴·拉朵的目标。而且为了这个目标,保罗绝对不会忘记第一次开门营业的那一刻。

欧巴·拉朵的肥皂不只用来清洗脏手,它不仅限于家庭清洁、洗碗和洗衣服,甚至可以用于刷

用现代化技术生产的液体用品(上)
可以看到丰富多样产品的欧巴·拉朵店(下)

牙,可以说用到肥皂的地方无处不在,这就是其变化繁多的原因。欧巴·拉朵的产品会面向未来持续发展,同时也会坚守这里独有的历史和传统。日后这里的产品也会为各个家庭所用,必将成为如今这个时代所必备的产品,这小小的肥皂会记录在这每一天的历史之中。

欧巴·拉朵的成功秘诀

1. 只执着于天然材料

欧巴·拉朵的肥皂闻名于只使用天然原料,肥皂的材料全都采用自然中可以获取的原料,就连包装纸也都是采用木质包装材料。欧巴·拉朵的肥皂橄榄油含量较高,而且是采用薰衣草等花朵中直接提取的香氛制作而成的,不仅备受周边居民喜爱,还出口到英国、比利时、美国等国家,饱受全世界人们的喜爱。

2. 秘方造就的皂基

用包括法国、马来西亚、哥伦比亚、西班牙等全世界供应的原料制作而成的皂基采用的制造方式是欧巴·拉朵所独有的,最为重要的秘方就是在皂基中混合精华油。多亏了这项技艺,欧巴的肥皂才能保持长久的香味,也才能够维持肥皂的生命力。

3. 开拓有机天然肥皂市场

让·保罗老板用 3 年时间获得了有机认证,让天然原料得到了公开认可。虽然之前欧巴的肥皂品质优异,但一直未获得认证,所以顾客就算买到了好的产品,也不知道这些产品到底好在哪里。因此让·保罗为欧巴肥皂创造了品牌,并树立了"欧巴·拉朵所创造的产品"这一观念。

4. 对传统的执着和对未来的革新

欧巴·拉朵在坚守传统的同时,并没有停留在原地,而是一直为了开发全新的肥皂坚持不懈地努力着。欧巴·拉朵一直以传统方式为基础,一路接连不断地开发出了洗脸用肥皂、肥皂粉等新产品。这种坚守传统的自豪感的传承和为了发展而创新的经营哲学成就了欧巴·拉朵,也成就了欧巴·拉朵成为代表法国的肥皂名店的竞争力。

店铺信息

地　　址　71 rue Felix Pyat 13300 Salon de Provence, France
官网主页　www.rampalpatou.com
电　　话　+33-4-90-56-07-28
营业时间　周一至周五 8:00 ~ 12:00, 14:00 ~ 18:00

梦想成为天下第一墨

中国传统墨厂
胡开文墨厂

"在50多岁、40多岁、30多岁中各留一位有技术的工匠，再寻找20多岁的，这就是我们公司的技术传承战略。"

——胡开文墨厂第九任厂长汪培坤

书画老店一应俱全的黄山"老街"

🏠 　　白色的宣纸上浸染着的墨香,有着净化人心的效果,能让人心里自在舒服、脑中一片清明。虽然现今会书法的人已经消失了不少,可能够让人感受到乡愁的墨水仍在坚守着自己的命脉。墨之大家理应在中国,中国墨的历史可以追溯到上千年之久,而代表中国文房四宝的地区则是位于中国南部的安徽省黄山市。这座城市因为黄山位列中国十大名胜之一而闻名,而另一处闻名的地方就是完好地保存着明清时代建筑物的"老街"。

　　这条被称为"老街"的商业街满是拥有几百年历史的老店,每家店主营的业务就是出售书画用品——文房四宝,也就是笔墨纸砚。这段历史已经传承了超过千年之久,以致于黄山被称为文房四宝之地。

　　黄山的清水、石头以及松树成为了制作文房四宝的优质材

第二章　传递历史和鲜活艺术感的百年老店　　161

料,这里也一直都在生产独特而又优质的产品。

  这里名声远播的胡开文墨厂有 270 年的历史,胡开文的墨从很早以前就因其优质而备受文人墨客的喜爱,甚至有"徽墨名天下"的美称。直到如今,这里的人气也相当之高,备受大众和艺术人士的喜爱。优质的材料和恒久不变的墨汁光泽获得了认证,也让其价值获得了认可。

书写了 270 年历史的中国顶级墨

  墨并不只是种单纯用于绘画的材料,其本身就是一件文化艺术品。使用什么样的墨,甚至能够决定一幅画的格调,因此作为一种极其重要的工具,墨的尺寸和种类也是千差万别。

  当墨水在宣纸上渲染开来,其光泽会变幻成数十种。一种黑色会渐渐变浓继而又变淡,一幅画卷中,墨水的色泽越深,画面感也就越深邃。比方说,在绘画沼泽和草原的时候墨色浓一些,而勾勒远处时则用墨少些,多画几层进行诠释,这样才能画出立体感。近景、中景、远景相互和谐搭配,光用一种黑墨来呈现出远近感并不容易,可是正因为此才能凸显出水墨画静态的深邃感。胡开文墨最适合用于表达这种主题的画作,因其色泽强烈,而且纯度和对比度都很高。

  胡开文是一家众多文人墨客都会寻访的著名公司,其墨质柔和、纹理细腻,只有亲自磨上一回才能感受到其真正的价值。另外胡开文墨最大的特征是能画出很深的颜色,又不易晕染。

  第一任老板胡天注在开始经营胡开文时,建立了几条经营哲

中国传统商标"胡开文墨"

学。第一是信念,第二是创意,第三是产品的质量,最后则是要坚守家族式的经营方式。自那之后胡开文一直秉持着对墨的信念,配合着现代化的脚步,致力于开发新产品,进而坚守了从未改变过的品质。

胡开文是以徽墨为产品的企业,260年来一直采用相同的商标。这不仅成为了国家的传统商标,也使其成为了该地区著名的观光景点。写字用的墨、观赏用的墨,胡开文生产着各式各样的墨,随着中国书法家们的频繁寻访,这里也变得闻名遐迩。

也许乍一看会觉得都是同样的黑色,但其实墨的颜色是不一样的。胡开文的墨在带着黑色的同时,还泛着紫色。另外墨可以保存的时间也相当之长,可以为画作增色不少的胡开文墨备受书法、绘画家们的喜爱。

饱含着胡开文希望的墨厂,门口挂着"徽墨名天下"的招牌

让黄山之墨在全世界扬名

胡开文墨之所以能够备受艺术家们的喜爱,源自墨厂长达 270 年的历史。正是因为工匠的这份技术以及为了传承这份技术而坚持不懈的努力,这一切才成为可能。胡开文墨厂是在 1742 年由胡天注创立的,原本曾是某家墨厂实习生的他成为了第一任厂长,如今已经足足过去了 270 年。

墨厂的门口刻着大大的"徽墨名天下"字样,制作天下第一墨是胡开文的目标也是希望,从这句誓让黄山的墨闻名天下的话中,可以一窥胡开文多年的夙愿和自信。

随着时代的变迁,墨的种类也愈发的多样化。有一些普通供游客旅游观光或参加会议时购买的纪念品墨,还有一些墨的用途完全让我们意想不到。因为具有止血和消炎的作用,他们有一种供应给制药公司的药品,腹泻的时候将墨磨开服用会非常有效。

制作成纪念品的胡开文墨

墨居然可以当药使用,这实在是叫人吃惊。除此之外,根据茶墨、经墨、唐墨等用料的不同,墨的种类也能分出数十种。

在工厂内有个单独分开的工坊,这里是开始制作墨的地方,拥有 39 年经验的和料工匠程国华不愿意向我们展示工作的过程。

"因为从很久以前开始,这道工序就是秘密进行的,所以无法向各位展示,现在就稍微展示一点点。"

工匠大部分都在凌晨时分独自工作,因为材料的配比是墨制作工序的核心技术。一旦公开其中加入了什么材料,又是怎么进行配比的,就可能会出现仿造的墨,所以在这一点上一直坚守着彻底不公开的原则。

在黄山大自然下诞生的胡开文墨

胡开文墨之所以能够长久地受人喜爱,正是因为其经历了

制作墨时最为重要的松树的"松脂"（上）
通过精巧的配比过程制作而成的墨团（下）

100年依然没有改变墨的光泽，想要打造出这样的光泽，最为基础也是最为重要的就是材料。

墨的主要材料是类似石炭粉的碳素颗粒，这叫作油烟。根据松烟墨和油烟墨的不同，制作墨的方法也会有所不同。将油烟像泥土般固定在一起就形成了墨，而将水、油烟以及动物胶阿胶混合在一起，能为墨添加黏着性，将阿胶和松树油烟混合在一起就制作出了半成品。

能够让墨的颜色变黑的这种油烟材料并不好找，一般是通过燃烧油或松树并从烟气中获得的，燃烧400公斤的松树所能获得的油烟也只有区区10公斤而已。

用料如此珍贵，所以配比过程也就相当重要。将不太溶于水的碳素颗粒和阿胶混合后会变得比较黏稠，再在其中加入熊胆、麝香等能够增加墨香的数十种材料，之后再加入天然香料，放入蒸汽中蒸烤，和好的墨就完成了。虽然看上去只是漆黑的一团，但其实是耗费了很长的时间和珍贵的材料所获得的结果。

虽然看上去都是一样黑不溜秋的墨团，但其实每种的用料都会有细微的不同。

配比墨的组合有很多种，与此相应的标记方式也是不同的。为了不混淆，工匠们会事先标记好。在这里就能看到工匠的智慧之处。在铺展得相当之宽的墨团上，会根据墨的种类做上一点略微不同的标记，通过这些符号就能够分辨出哪些是用油作为主材料制作而成的油烟墨，哪些又是用松树作为主材料制作而成的松烟墨，这便是多年经验所积累的技巧。

当年的制墨名匠为了躲避战争南下来到了这里，后来迷上了黄山的松树，开始用其制作墨。安徽省的松树相当优质，甚至用于进贡给皇室，四周的山上枝繁叶茂、谷物众多，正是最适合制作墨的好环境。

胡开文主要制作的是通过燃烧松树制成的松烟墨，因为采集非常困难，价格也更昂贵一些，所以从树木的选择开始就会尤为慎重。优质的树木是树龄超过20年的老松，但即便是在黄山，想要寻找树龄达到20年的松树也并不容易，而且松脂要越多越好，因此在挑选松树时，需要仔细观察松脂，松脂不足的松树是无法做出优质的墨来的。另外如果使用了树龄不到20年的松树，墨的浓度就会很淡，颜色也不好，顾客不会喜欢。

在优质松树环绕的最佳自然环境中，黄山的墨产业得以繁荣昌盛了数百年之久，胡开文墨也在优质材料的基础上加以技术革新、坚持不懈地发展着。

延续了 270 年的工匠的永无止尽的敲打

从 1742 年创业开始，至今已经过去了 270 年的岁月。已经不再是单纯家业，而是发展为国家传统品牌的胡开文获得了作为百年企业的认证和支援，100 年前在美国博览会上荣获金牌，它也因而在品质上获得了全世界的认可。

虽然这里从清朝时期就开始制作墨，但当时的名声可与现在大有不同。清朝时期胡开文在中国墨商标中排名第四，而如今已然成为了中国徽墨的龙头老大。

不要忘记信赖、品质和创意，第一代厂长胡天注的经营哲学一直持续到了继承家业的第八代。在短暂转变为国营企业后，现在又由汪培坤担任厂长，传承了命脉。

汪培坤厂长从 1983 年就开始研究胡开文墨，1989 年正式在胡开文工作。成为胡开文经营者的过程并不简单，为了当上厂长，研究了 50 年工艺美术的汪培坤在 5 年的准备之后终于通过了继承人审核考试。

"我们墨厂是由国家保护的企业，我所获得的非物质文化遗产传承人奖励也是由国家授予的。能够作为工匠、引导公司的发展，我非常的自豪。"

胡开文之所以能够发展至此，有赖于员工们的努力。面对辛苦的劳动和艰苦的环境，工匠们都没有屈服，而是一路走了过来。如果没有他们，也许就不会有胡开文的 270 年。

墨厂的员工共有 26 人，在第九任汪培坤厂长手下，各个领域的工匠在胡开文工作了短则 5 年、长则近 40 年的时间。

在制作墨的时候，需要将从配比墨的地方搬过来的墨团重新加热后烘干，从这个时候开始就体现出工匠的力量了。敲打墨团是决定墨的质量的最为重要的工序，墨的优劣就在此决出。要一直敲打到墨团没有黏性为止，因为越是敲打墨就越好，要像揉面团一样，敲打出韧性，这样日后才能便于磨墨，磨出的墨水也会色泽浓郁。

到黑色的墨团散发出光泽为止，大概需要敲打 100 次左右。这时候需要调整力度、保持一定的强度，这也是工匠的技巧之一。敲打的棒子重达 5 公斤，所以这项工作绝不简单。

与棒子或秤相比，墨的成型工序中更为精确的是工匠的手和感觉。在匠人精细的指尖下，揉好的墨团不会有任何的团块或颗粒，而是非常均匀。工匠们凭借攥在手里的感觉，就能够准确地判断出重量和长度，之后将墨团放置在木质模具中，再将模具放入机器中压制，墨就会固定成为四方形。

从头到尾机器的作用就只有固定成型而已，这一条长长的黑墨完全是靠手的力量制作完成的。虽然其外形简单，但制作过程绝不简单。有些工匠甚至一辈子就只做这份工作，负责成型部分的制墨工王伟平于 1979 年加入工厂，已经在此工作了 33 年，他所制作的超过 30 年的墨也就如同是他自己的人生。墨的完美形态是工匠造就的，而这些墨要干燥 3 个月之后才能使用。

四方形的墨会运送到干燥室，为了制作出最顶级的墨，室内干燥这一道工序至关重要。从模具中刚刚取出的易碎的墨要进行干燥，这个过程短则 3 个月、长则半年，只有干燥完成才算真正

进行彻底管理的墨干燥工序

结束。为了不让其倾斜到一方或弯折，在干燥过程中需要不断地将墨来回翻转。这份工作所需要耗费的心思也绝不容小觑，对于一般的女性而言，这些墨的重量让人很难翻转，但对于负责了7年干燥工作的女员工汪聚云而言，现在已经轻车熟路了。

她会在正在干燥的墨中进行挑选，虽然看着都差不多，但在她的眼中，却能发现一些细微的变化。当将墨放置在桌子上时，能够看出一些细小的不同，有一边略微翘着，就表示干燥还没有完全。

根据天气的不同，有时也会产生劣质产品。这些全都是经验中所收获的秘诀，如果想要在干燥过程中最大程度地减少劣质产品的产生，就不得不对天气敏感一些。特别是在干燥墨的时候，湿气是最糟糕的妨碍因素，所以如果下雨或天气比较潮湿，就需要打开电灯并启动除湿机，进而减少湿度。如果等到墨倾斜到一边，就已经晚了，一旦倾斜弯折就别无他法，这块墨也就成了劣质产品。所以想要保持墨始终如一的品质，这份工作需要极其的细致。

黄山是个多雨的地方，因此只有在干燥过程中随时调节温度和湿度，才能做出坚实又品质优异的好墨。

只有尊重工匠、传承技艺，才能有未来

下午 2 点是工匠们的下班时间，用刷子刷洗黑漆漆的双手是下班前的重要工作。由于艰苦的工作环境，制作墨的工匠人数正在逐渐减少，这个现状在任何一家工厂都是如此，而想要找到一些愿意将手染得如墨一般漆黑、愿意参与这份辛苦工作的年轻人就更难了。如今的年轻人都会避开脏活累活，虽然这份工作能够拿到 3000 元左右的收入，但他们宁愿拿个 2000 到 2500 的工资，舒心地坐在办公室里工作。因此，改善工匠的待遇是公司最为操心的部分。

"正如你们所见，敲墨的棒子重量就达 5 公斤，一天需要工作 7 个小时，年轻人都不愿意做这种工作的。"

正如汪培坤厂长所言，公司比任何人都能够理解这份工作的辛苦，所以也采取了优待工匠的措施，并从经济上也提供了足够的补偿。

工匠们早早下班之后，汪培坤厂长会独自制作墨的图案，最近胡开文墨的纹样全都是他亲自绘制的。自从成为胡开文的继承人，他最看重的工作也是图案的工作，用胡开文独有的纹样来创

造出有创意的墨,这是现如今他最为倾注心血的工作。等到他完成全新的图案,会亲自教授员工如何将其转移到墨上,在干燥的墨上绘画图案是为墨增添艺术性的重要工序,这项工作也必须要手工完成才行。

贴上金箔和在墨上刻印的工作是整个过程中最需要手艺的部分。现在负责绘制图案的工匠有三名,为了提前找到继承他们的传人,将技术传授下去,公司目前开展了工匠传承计划。

公司的退休年龄是50岁,虽然现如今的工匠就快要退休了,但公司打算继续雇佣他们,让其来教授徒弟,分年龄层来雇佣工匠,让传承人不断层。"在50多岁、40多岁、30多岁中各留一位有技术的,再寻找20多岁的",这便是公司的技术传承战略。各个工序都选一个前辈做代表,来教后面的人,所以说工匠并不仅仅是一个人,各个年龄层的人都会教授将来要接班的徒弟。所以汪培坤厂长不需要亲自教授所有人,他只要管理运营,让这个体系运转顺利就可以了。

通过这个工匠培养体系,公司安全渡过了一些难关,不仅如此,还开发出了全新的产品,不仅备受文人喜爱,还饱受大众的追捧。在书画人士数量骤减的今天,胡开文依然能够保持销量,其卖出的墨已经走出中国,出口到了日本、韩国、东南亚等国家。

今天公司迎来了贵客,附近大学就读工艺专业的学生来此观摩学习,由于年轻人的出现,原本静悄悄的公司一下子热闹了起来。第一次制作墨的学生只是备感惊讶,所谓百闻不如一见,为了在观摩学习中亲自体验一番,大家纷纷表示要亲自试一次和墨。

虽然这些工作在工匠手中非常的简单,但一旦转入他人之手就立刻漏洞百出。学生们这才明白,工匠们的工作是需要多年积累的经验、体力以及制作之人的智慧的。虽然连敲一下棒子都很不容易,但眼见着学生们热情高涨,原本木讷寡言的工匠的脸上也明朗了起来。

第九任厂长汪培坤(上)
蕴含了胡开文的独创性的墨的纹样(下)

自己的工作获得认可,能够将技巧教授他人,作为工匠而言,这是非常满足的事情。能有这么多的年轻人来访,日后公司的未来也会一片光明。最近胡开文墨厂和附近的大学联合开设了观摩课程,或邀请工匠去演讲,为的就是能够吸引年轻人的关注。汪培坤厂长认为,在这些政策之下,会有越来越多的年轻人来到胡开文墨厂。

"我们亲自告诉学生们我们墨的重要性,学生们也非常地感兴趣,而且我们墨厂员工的薪资也不低。"

胡开文墨已经超越百年老店的意义,被认可为国家传统品牌。而想走到如今这一步，小小墨块的制作绝非易事，只有在100次的敲打和100天的等待后才能完成。胡开文墨的生命会继续在中国传统文化中繁衍，日后也将会创造出300年的历史。

胡开文墨厂的成功秘诀

1. 就算岁月流逝也依然能够制作出始终如一的墨的色泽

胡开文墨之所以在岁月流逝中依然备受喜爱,其原因就在于历经多年都未曾改变的墨的色泽。为了防止其他公司效仿,270年来胡开文一直严守秘密,坚持采用手工的方式制作。在和墨的时候,为了保持温度和湿度,在呈现出应有的色泽之前,需要用棒子持续不断地敲打。这里只靠品质取胜,也被认可为国家传统品牌。

2. 从自然中获得的优质材料

为了做出浓郁明亮的色泽,最重要的内容之一就是原材料。胡开文主要制作的是燃烧松树制成的松油墨,其采集会非常的困难,价格也会更加昂贵。可是正因为处于四处环绕着优质松树的最佳自然环境之中,这里才能延续数百年的历史。

3. 工匠培养体系

制作墨的工作非常的辛苦,年轻人大多会有所顾忌,所以胡开文从公司层面改善工匠的待遇,并推进了工匠传承计划,厂里会按照30多岁、40多岁、50多岁每个年龄层来雇佣工匠,之后再寻找20多岁的年轻工匠,让传承不断层。

4. 从创立之初到现在始终未曾改变的信念

从1742年创立到现如今,胡开文墨厂始终如一地坚持着四条经营理念,那就是信念、创意、产品的质量、家族式的经营。对墨的自豪感,让他们能够迎合现代化的发展脚步,不断地开发出新产品,并坚守着始终如一的品质,这就是他们能够传承270年历史的原因。

店 铺 信 息

地　　址	中国安徽省黄山市屯溪区延安路老虎山5号
官网主页	www.hukaiwen.com.cn
电　　话	+86-559-2513197

充满希望的100年的火光

西班牙蜡烛公司
塞拉斯·罗拉

"虽然蜡烛非常之小,但只要放在合适的地方,就能具备改变空间的力量。"

——塞拉斯·罗拉第四任老板萨维埃罗·罗拉

🏠 位于距离西班牙巴塞罗那约 60 公里的蒙特塞拉特大教堂被岩石山所环绕，气氛庄重神圣。于 880 年前建立的这座教堂是加泰罗尼亚地区的宗教中心地带，也一直被认为是神圣之地。为了一窥这座掩盖在神秘岩石山下的教堂，每天都有无数来自全世界的游客造访。作为世界级的圣地，这里氛围庄重严肃，全世界的信徒和游客都在这里一起进行着弥撒。

弥撒结束之后，教堂的一边会准备大量的蜡烛，人们在完成弥撒之后，会交上捐款拿走蜡烛。蜡烛就意味着奉献，在祈愿或是表示感谢之际，就会将蜡烛放在圣母像面前。蒙特塞拉特大教堂著名的蜡烛供台上放满了全世界无数人点燃的蜡烛。

这些饱含着不同的祈祷和愿望的蜡烛都来自于照亮了西班牙 100 年传统历史的蜡烛公司塞拉斯·罗拉（Ceras Roura）。这家店原本创立之初是出售宗教蜡烛的，到今年已经迎来了第 100 周年。西班牙蜡烛公司塞拉斯·罗拉的小小烛光在过去的 100 年里从未熄灭，日后也将依然充满着希望的光芒。

照亮西班牙 100 年传统的蜡烛公司

从巴塞罗那向北行经两个小时，就是西班牙和法国国境附近的小城费盖莱斯（Figueres）。这座人口仅为 4 万人的小城是著名的超现实主义巨匠、天才画家萨尔瓦多·达利的诞生之地，这座被称为"达利之地"的地方最值得一看的景观当数博物馆。

可是还有一处名胜与达利博物馆齐名，那就是在距今 100 年前开门营业的蜡烛工厂塞拉斯·罗拉，现如今这里已经发展成为

100 年传统的蜡烛公司"塞拉斯·罗拉" 　　　　　　各式各样的装饰用蜡烛

供货给全西班牙的公司,而且还在向世界 20 多个国家出口蜡烛。这个传统与名望共存的蜡烛公司塞拉斯·罗拉也是市民们的骄傲。

　　塞拉斯·罗拉仅凭小小的蜡烛,就延续照亮了 100 年。作为第四代传承家业的萨维埃罗·罗拉老板将这些记录收集编纂起来,在经历了 3 年的准备过程之后,于今年 6 月开启了蜡烛博物馆,就是为了想要将手工业的珍贵告诉子孙后代。在 20 世纪 70 年代作业方式更改为机器之前,制作蜡烛所使用的一些陈旧的工具也被陈列在博物馆中,虽然制作方式得到了进化,但过去并不会被遗忘。

　　塞拉斯·罗拉开创时是为教堂的新娘制作她们所要使用的蜡烛,在一点点地为周边教堂供货的过程中,逐渐壮大为工厂。之后开创者将工厂传承给了侄子,并一直延续了这份家业。

　　在 20 世纪 70 年代之前,塞拉斯·罗拉以生产宗教用的蜡烛为主。可是到了 80 年代之后,欧洲和西班牙的蜡烛市场发生了变化,蜡烛用量较多的北欧游客为了度过一个温暖的夏天,会前往西班牙度假,在他们的影响之下,逐渐开始形成了装饰用蜡烛的市场。西班牙的餐厅和派对等场合也开始频繁地使用蜡烛，因此塞拉斯·罗拉也开始制作装饰用的蜡烛。现在这里依然以宗教用蜡烛为基础，另外还为丰富多样的顾客层推出了各种装饰用蜡烛，可用于派对、活动、室内装饰、圣诞节、情人节等，正是这般努力让塞拉斯·罗拉的蜡烛成为能够照亮100年希望的蜡烛。

战胜危机的相生之力

虽然塞拉斯·罗拉在漫长的岁月中一直保持着名望，但西班牙复杂的政治状况也对公司的兴亡成败起到了重大的影响。特别是在1936年，西班牙内战爆发，公司也遭遇了重大危机，这段黑暗时期一直持续到1939年。等到1940年，内战结束，人们纷纷回到西班牙，萨维埃罗的祖父，也就是第二任老板重新开启了蜡烛工厂，可由于政治事件，工厂再次着火，终究不得不重建一次工厂。

即便面临内战的打压以及火灾，塞拉斯·罗拉也从未中止过蜡烛的生产，他们从原料供应商处借用了原料，又从同行手中租借店铺，顾客们也在长时间里一直等待着店里的产品，就这样在周围人的帮助下，店铺挺过了危机。

周围的人们之所以信任塞拉斯·罗拉，并不惜向塞拉斯·罗拉伸出援手，就是因为店里与供应商和顾客之间的关系已经超出了单纯的生意关系，而是如家人一般亲密无间，而且在遭遇危机之前，他们也一直保持着对品质和服务的追求。所谓闻一知十，正是因为这是一家制作优良产品并提供诚实服务的企业，人们相信在自身的帮助和关爱下会收获更大的回报，也才造就了这一切的可能。

他们的信任是正确的，即便世代流转，塞拉斯·罗拉依然没有忘却要报恩，不断在回馈这个地区。从25年前开始，他们就和城市的残疾人团体合作，为残障人士提供就业岗位，一起打造、分享希望之光。100年来，这里各式各样的蜡烛备受人们的喜爱，而对一同制作了这些蜡烛的同事们来说，塞拉斯·罗拉的蜡烛具有着更为特别的意义。他们在一起制作蜡烛的过程中产生了情谊，而最重要的是体会到了一种成就感。虽然一方面通过工作可以挣到钱，但作为社会成员所感受到的情感对他们来说意义更为重大，即使也许他们的工作只是简单的包装蜡烛，但也能够感受到集体的自豪感。

更加声名显赫的塞拉斯·罗拉的蜡烛

虽然塞拉斯·罗拉开始于制作宗教用蜡烛，但现如今装饰用的蜡烛所占比例已经达到了80%，在销售占比20%~30%的宗教用蜡烛中，教会或教堂用于宗教活动的蜡烛占比高达90%。

但用于宗教活动的蜡烛其特点在于功能性要比装饰性更为重要，所以就需要用到塞拉斯·罗拉多年来积累的技术。宗教用蜡烛的制作有一个基本的模具，蜡烛和蜡烛芯需要完全匹配才行。因为放在祭坛上时，烛火需要连续几天不能熄灭；另一方面，还需要采用不会有火灾隐患的塑料包装以及保持烛火不会熄灭的盖子。如此经过漫长的岁月流逝，蜡烛持续不断地得到了进化，而

少量订购的蜡烛采用手工作业制作

塞拉斯·罗拉也在 100 年来经历了蜡烛的变迁。

目前塞拉斯·罗拉已经可以采用自动化系统进行大量生产，但在全面自动化之前，这里每一枝蜡烛都是通过手工作业上色的。以前这需要耗费一整天的工作，现如今在机器的帮助下只要两个小时就完工了。

在蜡烛市场上，圣诞节所在的 12 月份是销售最旺的高峰期，圣诞节总是会伴随着五彩缤纷的美丽蜡烛。和平时相比，此时的订单量会增长三倍以上，出口的订货量也会猛增，所以是店里最为忙碌的时期，而蜡烛工厂也需要从早忙到晚。

为了完成超大的订货量，不仅要动用所有的机器，还要动用到所有的人手，在进行手工作业时，上色是很重要的工作。虽然大量订单都是用机器完成的，但当有少量订单时，就需要手工直接制作了。因为像星星状、球状这种形状独特的蜡烛，对于机器制作来说是非常困难的。而对于蜡烛季圣诞节而言，店里则会制作很多最有人气的红色、金色、银色蜡烛。

意大利、葡萄牙、法国、德国等各个国家所喜好的蜡烛也有所不同，针对此种情况来迎合市场制订出口战略计划的人，便是第四任老板的儿子、海外战略总经理米库艾尔·罗拉。他会制订缜密的出口战略计划，以此将蜡烛出口向欧洲、亚洲甚至中南美洲等20多个国家，将烛火照耀到世界更广阔的地方去。

这其中在北欧有款销量极好的名为"田园风蜡烛"的产品。这款产品就是采用木质芯制作而成的全新蜡烛，重点就在其声音上，在点燃蜡烛时会发出类似壁炉里点燃柴火所发出的声音，给人心理上带来安定祥和的感觉。另外店里还同时动用了手工作业和自动化作业，来满足北欧人对蜡烛的不同需求。

制作优质蜡烛的过程

基于顾客对塞拉斯·罗拉无限的信赖，店里也坚持始终如一的品质。优质蜡烛的第一个条件就是优质的材料，塞拉斯·罗拉采用精致的优良石蜡制作不会起烟又不会流出蜡油的蜡烛。为了不让蜡烛凝固，会通过自动化系统保持摄氏65度的高温，用以维持其液体状态。

液体状态的材料会采用滚热的蒸汽进行保管，之后根据蜡烛的种类，从管道内流向其他的水箱，在工厂单独准备的工作室里将完成制作装饰用蜡烛的重要工作，也就是配比香料和染料的工作。

在这个房间里备着丰富多样的香料,香草香、桂皮香、有去除烟味功能的香等。这里会实时根据顾客的订单,配比适合的颜色和香料进行蜡烛的制作。染料也足足准备了 50 多种,薰衣草的紫色、柠檬的黄色等,为的就是打造出配合丰富多样香味的颜色。在配比颜色时,完美的比例是最为重要的,连一克的误差都不允许发生。如果稍微多添加一点,颜色就会完全改变,所以严格遵守配比的比例是制作出优质蜡烛的必备条件。

在配比蜡烛时所使用的香料(上)
蜡烛重要的原料:液体石蜡(下)

等到香料和染料配比完成,就要开始制作蜡烛了。将配比好的材料混合入液体状态的石蜡中,接下来就要进入机器作业的环节了。此时会转动冷却机,快速地将石蜡上提,实现其固体化,如此一来石蜡很快就会变成粉末状态。虽然之前曾是液体,但现在已经转变为制作成粉末状后再进行压缩的方式,也就可以更快地实现蜡烛的制作了。

对通过吸入器的粉末进行压缩,压制成各式各样的形态,片刻间硬实的蜡烛就完成了。直到在蜡烛中加入纯棉材质的蜡烛芯这一步收尾工作，所有的步骤全都是自动化完成的。如此一来，一般每小时能够制作 1000 枝到 1200 枝左右的蜡烛，一天工作 8 个小时，就能完成差不多 8000 枝到 9000 枝蜡烛了。

并不是所有蜡烛都是经由压缩过程制作出来的，根据蜡烛形态的不同，也可能会将液体倒入模具中制作。丰富多样的模具种类就造就了各式各样的蜡烛种类，根据模具种类和大小的不同，可能会创造出全新的蜡烛，再加上盛放蜡烛的器皿，就生产出了五彩缤纷又设计各异的蜡烛了。

生产出宗教用、装饰用、功能性蜡烛等各式各样的蜡烛

蜡烛单纯用来照明的时代已经过去，现如今蜡烛已经成为一种用来制造气氛的重要物品。蜡烛的一点小小烛光就能改变整个空间，所以丰富多样的设计尤为重要。塞拉斯·罗拉会将蜡烛放在多个地点进行拍照，并以此来判断哪款蜡烛适合放在哪种地方，如庭院、客厅、派对会场等。根据各种不同用途制作而成的蜡烛会被放在现场直接进行拍摄，亲自确认相应空间下的光影效果之后再将其反映到实际设计中去，因为即便是相同的蜡烛，由于场所的不同，也可能营造出完全不同的氛围。

塞拉斯·罗拉会制作出各式各样满足顾客喜好的蜡烛。店里一直努力在蜡烛的种类、形状甚至是颜色上设计出缤纷多样的风格，所以塞拉斯·罗拉所生产的蜡烛才会种类繁多，从为教堂或教会设计的宗教用蜡烛，到添加了丰富香味和颜色的装饰用蜡烛，再到庆祝活动或纪念日的特别蜡烛等。

以宗教用蜡烛作为开端的塞拉斯·罗拉在开拓装饰用蜡烛市场的同时延续了历史，而且最近店里还在研发全新的功能性蜡烛。塞拉斯·罗拉蜡烛的这种变化源自公司内的蜡烛研究室。最近这里开发并推出了一种采用天然香料的驱蚊用蜡烛，获得了追捧。除了驱蚊功能之外，这款蜡烛还有盛放器皿形状的独特设计以及从植物中直接提取的香茅香料的香味，深受消费者的喜爱。

塞拉斯·罗拉的"按摩蜡烛精油"

通过研究所实现的蜡烛的惊人变身还在继续着，日后店里的计划是努力用植物性精油开发出天然香味蜡烛。而可以进行按摩的新概念蜡烛也获得了不错的反响，点燃这款蜡烛后流出的蜡油就是按摩精油，蜡烛的熔点只有摄氏 3 度，非常之低，所以不会伤害到皮肤。

这款按摩蜡烛的主要顾客是美肤店。一家美肤店在使用了塞拉斯·罗拉的按摩蜡烛精油后，发现顾客反响非常之好，甚至将之前用作按摩精油的产品全部换掉了。而另一家美肤店则比较看重照明的作用，从很久以前就一直只使用塞拉斯·罗拉的蜡烛，

第四任老板萨维埃罗·罗拉

他们认为烛光所营造出的温馨氛围可以带来心理上的稳定,甚至还能在香味蜡烛的作用下获得芳香疗法的效果。

因此塞拉斯·罗拉的按摩蜡烛带来了双重效果。先点燃蜡烛,营造出舒适的氛围,等到身心充分放松后再开始用精油进行按摩,在按摩蜡烛熔化过程中所形成的精油温度和体温差不多。

和冰冷的精油相比,温热的精油保湿效果较高,而且更有益于血液循环,可以有效地释放全身的疲劳。这种按摩方式不仅能够缓解紧张,而且还能同时为冬季皮肤补充水分和营养,蜡烛的温馨光芒和温热感觉当然会让顾客络绎不绝了。

不仅要制作丰富多样的蜡烛,还要用完美的蜡烛让顾客满意,这种经营哲学正是塞拉斯·罗拉凭借朴实无华的蜡烛延续了100年的力量之源。迄今为止塞拉斯·罗拉每年依然会推出30多个新产品,坚持不懈地努力推动公司的持续发展。

超越蜡烛本身的意义

塞拉斯·罗拉的蜡烛店会提前一步准备圣诞节,为了买到其他季节所看不到的华丽又造型各异的蜡烛,店里人头攒动。从营造温馨氛围的蜡烛到孩子们会喜欢的花纹独特的蜡烛,这里简直就是蜡烛的世界。

创立 100 周年照片招募比赛获奖作品

制作蜡烛的员工同样也是顾客,在家人的陪伴下一起前来购买自己亲手制作的蜡烛,这就是他们最大的自豪。

坚持了 100 年的公司的传统就体现在这小小的蜡烛之中。第四任老板萨维埃罗表示,当他在各地看到塞拉斯·罗拉的蜡烛时,就会觉得非常的自豪。

"人们选择了我们的蜡烛,使用我们的蜡烛,让生活更加丰富。"

正如他所说,也许蜡烛已经丧失了照明的功能,但它早已超越了其原本的意义。为了诠释蜡烛的意义,塞拉斯·罗拉做出了不少尝试。为了迎接塞拉斯·罗拉创立 100 周年,店里曾经举办过关于蜡烛的照片招募比赛,获胜的布鲁诺·佩雷斯用 3000 多个蜡烛装饰后拍下了照片。虽然一枝蜡烛的烛光有些暗淡，但汇聚无数的蜡烛就明亮到足以照亮一整栋楼，其中的深意正是希望人们能够像烛火一样万众一心，一同帮助西班牙走出经济危机。

在教堂众多的西班牙，蜡烛拥有着更为特别的意义。对于怀揣着不同的心愿点燃蜡烛的人而言，烛火就是另一种祈祷，一枝枝小小的烛火，蕴含着无数的意义。对于某些人而言，这是和平之光，而对于另一些人而言，这是希望之光。这种蜡烛独有的价值是电灯所不能赐予的。正是这份价值让蜡烛未能消失在岁月流转中，也正是这份价值让塞拉斯·罗拉延续了100年的历史，这份价值就是最为重要的力量。塞拉斯·罗拉的蜡烛虽然开始平凡，但经历了100年的涂色添香，已然成为了照亮空间的装饰品，这种低调的淡淡光泽温暖地拥抱着四周。

蜡烛让空间变得温馨，也赋予了意义，这种淡淡的烛火馈赠给我们平和和安定。而在特别一刻所点燃的蜡烛，其中还包含着浪漫情怀。当和家人一同坐在餐桌旁吃晚餐，一撮小小的烛火就点燃了幸福，餐桌上的蜡烛带来了非常温暖的感觉，甚至让我们感受到了人性的温暖，而这份增加了人与人之间温情的希望之光也照亮了塞拉斯·罗拉100年之久。

塞拉斯·罗拉的成功秘诀

1. 好的材料和技术造就的顶级品质

塞拉斯·罗拉凭借着对蜡烛品质的坚持收获了顾客的信赖,这里只使用精致的优质石蜡,制作出不会起烟又不会流出蜡油的蜡烛。另外在配比颜色时,也绝对不允许有 1 克的误差,严格遵守配比的比例。为了制作出想要的颜色和香味,会严格工作规范,并通过手工作业和机器造就顶级品质。

2. 根据用途和季节生产丰富多样的蜡烛

塞拉斯·罗拉以宗教用蜡烛为基础,后又制作出了用于包括派对、活动、室内装饰、圣诞节、情人节等各式各样的装饰用蜡烛。秉持着为顾客提供满足其个人喜好的丰富多样的蜡烛的信念,店里将蜡烛的种类、形状甚至是颜色都设计得缤纷丰富,并亲自将匹配各种用途和场合的蜡烛进行装饰拍照,再将其反映到设计中去。

3. 用功能性蜡烛面对全新的挑战

以宗教用蜡烛起家的塞拉斯·罗拉开拓了装饰用蜡烛的市场,并于最近用功能性蜡烛开启了全新的未来计划。工厂内甚至备有研究室,开发出了拥有驱蚊功能的香味蜡烛、按摩用的香味蜡烛等,在顾客中获得了非常大的反响。迄今为止店里每年都会推出 30 多个新产品,并实现了持续不断的发展。

4. 与实践相生和共存

从 1987 年至今,塞拉斯·罗拉的蜡烛包装工作都是由残疾人中心的员工负责。通过和塞拉斯·罗拉的合作,他们得以进行适应社会的训练,并获得了实现自我的机会。另外塞拉斯·罗拉还经常举办类似蜡烛博览会、蜡烛照片招募比赛等活动,和当地居民一起宣传公司。

店 铺 信 息

地　　址　c/ltalia 12-18 Pol. Industrial Firal E-17600 Figueres(Girona), Spain
官网主页　http://www.cerasroura.com
电　　话　+34-972-50-24-00

- 阿莫林
- 马丁吉他
- 马里奥·塔拉里科
- 埃德索尔·克鲁内
- 传来工房
- 弗朗索瓦·弗雷尔
- 科克摩乳白玻璃

第三章

个性鲜明的
百年老店

用与自然的和谐打造出的顶级物品

葡萄牙红酒软木塞厂
阿莫林

"我们的历史在和葡萄牙的自然共呼吸。"
——阿莫林第四任老板安东尼奥·里奥斯·德·阿莫林

葡萄牙城市"加亚新城"

🏠 　**葡萄牙**是全世界红酒产量排名前十的国家之一。在红酒酿造技术已经现代化的今天,这里依然保持用传统的方式来生产红酒。

历史上,葡萄牙所生产的红酒会在位于加亚地区的酒窖保存数年或数十年之久,之后再出口到欧洲北部。葡萄牙北部的波尔图是一座位于杜罗河下游的城市。在险峻的山坡之上坐落着形形色色房屋的波尔图是葡萄牙的代表性旅游胜地,这里保留着繁华都市所难以得见的朴素而又闲暇的风情。

以杜罗河为界,与波尔图隔江相望的城市是加亚新城,沿着河边这里设有数十个红酒酒窖,这里也是必经的旅游路线之一,因为在这里可以品尝到从17世纪开始传承下来的葡萄牙传统红酒波特酒。波特酒是在正在发酵的红酒中加入葡萄蒸馏汁后酿制

第三章　个性鲜明的百年老店　193

而成的酒精度数较高、甜味较强的红酒，酿造时间长则要超过100年，需要历经长久的催熟才能完成这道佳酿。

在完成佳酿的过程中，最为重要的工序就是催熟。在保存着时间最为悠久的红酒酒窖中，还存放着超过100年的红酒，也就是1868年生产的跨越了一个世纪的红酒。经历着超过数十年长期催熟的波特佳酿会放在黑瓶子里而非橡木桶中催熟，黑瓶子会隔离光线，从而阻挡红酒的氧化，可是用于阻挡红酒氧化的并非只有玻璃瓶。

想要长久地存放红酒，红酒瓶塞的品质也必须是最顶级的。为了防止红酒和空气接触，瓶塞的长度也要绝对够长，用软木制作而成的瓶塞非常有弹性，而且极度柔软，是最适合用来长时间保存红酒的。

红酒伴随着漫长的岁月催熟，而在经历了数十年催熟的红酒所带有的淡淡的颜色和浓郁的香味中，都有着为其保驾护航的软木塞的存在。在拥有142年传统的葡萄牙软木塞名店阿莫林（Amorim）所制作的软木塞中，蕴含了传承了四代的精华，那便是大自然的无限价值。

葡萄牙人的自豪

从红酒酒窖所在的城市中心出发，驱车大概30多分钟，就能到达从1870年开始一直在生产软木塞的阿莫林公司。一进入公司，最吸引人眼球的就是堆满工厂前院的木栓，这便是软木。

有一些分门别类放好的薄薄的软木，是用于制作香槟用软木塞的，而其旁边放置的则是用于制作红酒的天然软木塞的软木，红酒用软木会比香槟用软木更厚一些。

阿莫林在所有产品生产中都使用天然软木，制作瓶塞的过程非常简单，其中红酒用天然软木塞的制作只要在厚厚的软木上打穿一个圆形的孔就可以了。这个瓶塞是142年前一直延续至今的阿莫林的招牌商品。

软木塞公司"阿莫林"（上）
有弹力又柔软的阿莫林软木塞（下）

1870年，经营红酒酒窖的第一任负责人安东尼奥·阿尔卑斯·阿莫林在催熟红酒的过程中意识到了瓶盖的重要性，并与家人一起创办了软木塞工厂。公司经历了三代的家业传承，到20世纪的后半期，阿莫林已经发展成为葡萄牙最大的软木塞公司。

兄弟们各有自己所负责的领域，一个人负责原料的供应，一个人负责生产，一个人则负责营业，最后一个负责财政。兄弟们一起并肩合作到20世纪60年代，一路引导着公司的发展，在将国外所形成的软木产业引进葡萄牙国内的事情上起到了重大的作用。

但是之后公司却停止了发展的脚步，因为在独裁政权的统治下,连规模的扩大也受到了限制。之后1974年爆发了葡萄牙革命,这是一场反抗长达40年独裁政权和殖民主义的不流血革命,以此为契机,葡萄牙走上了民主化的道路。当时进入第四代的阿莫林以本国的原材料和积累的技术为基础,开始进入世界市场。

软木塞的品质就等同于保障红酒的品质。从18世纪后半期开始,欧洲开始用软木塞来保持红酒的品质。软木塞会接触到红酒,在湿气的浸润下膨胀,如此一来就会填满瓶口的空隙,保护红酒免受氧气等各种看不到的物质的侵扰,进而得以保持红酒原有的美味、香味和颜色。

和其他公司不同,阿莫林的软木塞其名字本身就意味着优良的品质,所以阿莫林的员工也以能在公司工作而自豪。因为阿莫林的软木产品是葡萄牙的招牌商品,其高水准的质量已经获得了全世界的认可。跨越世纪催熟的葡萄牙传统红酒和跨越世纪坚守着浓郁而又甜美味道的软木塞,对于深爱红酒的葡萄牙人而言,就是他们的骄傲。

好材料制作出的优良品质

从红酒用瓶塞到香槟用瓶塞,根据用途的不同,加工方法也会有所不同。现如今阿莫林共生产7种软木塞,虽然种类繁多,但本质却并无差异。

安东尼奥老板说,要做出绝佳的软木塞,其秘诀就在于一样最重要的元素,那就是原材料的品质,也就是木材。而且和其他地方相比,阿莫林还具备着能够生产出更加优质的软木的自然

第四任老板安东尼奥·里奥斯·德·阿莫林

环境。

"对软木塞而言,虽然所有的制作过程都很重要,但原材料的质量极为重要,而且牢记这一事实才是最重要的。"

葡萄牙大约占据了全世界软木生产量的50%,这其中农耕地区阿连特茹是葡萄牙境内软木生产量最多的地区。阿连特茹的夏季气温高达摄氏40度,年平均气温为摄氏25度,该地区炎热干燥,而"栓皮栎"只要极少量的水分就能存活,这里拥有着栽培栓皮栎的绝佳条件。从阿莫林的总公司出发,驱车约300千米便是阿连特茹的农场,阿莫林每年会从这里采购一次原材料。

栓皮栎是一种即使剥掉树皮依然能够正常生长的树木,从这种栓皮栎身上获取的厚实坚硬的树皮便是软木,也是用于制作软木塞的核心材料。因此这里并不会伐木,因为只需要用到树皮的部分。

用于制作软木的栎树材料

每年 6 月到 7 月,就可以在树龄超过 30 年的树上收获软木。最适合用于制作瓶塞的树皮厚度为平均 3 厘米到 5 厘米,剥过一次树皮的树要经历大约 9 年的时间树皮才能再次长厚,此时才能进行第二次收获。而在已经剥过树皮的树木上会有大大的数字进行标记,写有"1"的数字就表示 2011 年曾经剥过皮,因为每 9 年才剥一次皮,所以这棵树的树皮要等到 2020 年才能再次使用。

栓皮栎平均寿命超过 150 年,在生长期间会持续不断地供应树皮,而且阿连特茹的居民在过去的 300 多年里一直靠剥树皮为生,树木维系了他们的生活,也给他们带来了乐趣。因为这种树木能够供应树皮,他们便出售软木,并用获得的收益来给工人发放薪水,借此来经营整个农场,因此他们才会说:"树木对我们来说就等同于生活。"

以葡萄牙的天空为天并深深扎根于地下的栓皮栎和葡萄牙人共呼吸,它们就是大自然馈赠于人类的珍贵礼物。

在阿莫林大楼一边的墙上,挂着西班牙地图和地中海地区的地图，从地图上来看，大部分的栓皮栎生产地都毗邻包括葡萄牙在内的地中海地区。这其中我们可以看出葡萄牙是最大的生产国，这种天赐的自然环境也是阿莫林能够维持如此悠久历史的最大的力量。

不允许有半分瑕疵

安东尼奥老板表示他想要告诉世界市场，葡萄牙是软木的主要生产地，也是最好的生产地。葡萄牙软木具备着世界级的水准，为此在保持工厂体系的同时，对软木原材料的保存也是最为重要的。

原材料的保存是阿莫林最为重视的铁律。首先，收获好的天然软木会根据厚度进行6个月到1年的自然烘干，因为如果软木中带有水分，日后瓶塞很可能会变形。

在对软木进行加工时，阿莫林不会使用一滴化学品，所需要的材料只有水而已。烘干水分的软木会再次用滚热的蒸汽蒸煮一个小时，在用水分对软木进行净化并用热气加以蒸煮后，软木会拥有更好的弹性。蒸煮过的软木会再行烘干一天，在这个再次沥干水分的过程中，软木组织会变得更加密实柔软。

等到软木加工完毕，很快就会开始进行筛选。那便是将加工得松松软软的软木切开，确认其横截面，这项工作是只有经过人的双眼和双手才能完成的。这是原材料准备的收尾工作，等到这个工序完工，很快就可以生产瓶塞了，所以筛选的工作是极其重要的。

需要与众不同的专注和力量的软木塞制作过程

软木的质量是和产品质量相关联的。阿莫林将加工软木分为四个阶段。这其中只有质量最顶级的软木才能用于制作瓶塞,那些即便是看上去尚可的软木,在有着43年软木筛选经验的弗朗西斯库·桑托斯的眼中,也可能会太过厚实或粗糙。而缝隙过大和有斑点的软木在质量上是有问题的。

"因为我觉得这些不是适合用来加工的软木,所以我不会使用这些。"

在他犀利的眼神和麻利的手中,饱含着对工作的信念和责任感。

弗朗西斯库认为,在软木筛选工的资格问题上,最为重要的就是对这份工作的兴趣,他认为天性不喜欢这份工作的人是无法胜任的。因为从事这份工作的人并不使用机器,而是亲自打理原材料,所以他们对于这份工作的想法非常多,极其热爱这份工作,甚至将其看成是自己的全部。

从20世纪30年代开始,阿莫林大部分的产品就是通过机器来生产的。但这里并没有哪项工作是不需要经过人手的,在软木上打孔生产瓶塞的工作就需要与众不同的专注和力量。

打孔的工作过程是这样的，先双手抓住软木，并将其靠近打孔机。一定要朝着准确的方向抓得牢牢的，而且要尽可能缩小打孔机打孔的间隔，这样才能获得更多的软木塞。这时找准拍子是关键，脚上踩踏板的同时移动手，就能在软木上打孔了。负责这份工作的 30 多位男性员工不会有半分差错，每天平均制作 15000 个瓶塞。

瓶塞完成后，接下来就是女员工的工作了，这时候就要开始对完成的瓶塞进行验收了。两人一组的女性员工会各自挑选出质量不良的瓶塞，哪怕有一点点的瑕疵也要筛选出来，如果上半部分有些许瑕疵，并不是完全没法使用的，可以将上面的部分切割掉，当成短款的软木塞来使用。

躯干开裂的、需要二次加工的、被虫蛀过的都会被筛选出来，通过验收的软木塞大概不超过 50%。追求着较高产品品质的阿莫林的目标同样也是坚守公司数十年的员工们的目标。在验收部工作了 44 年的玛利亚·胡赛表示这份工作是需要超强责任感的，因为连一点小小的瑕疵都能发现的能力是她们从多年累积的经验中所获得的。像这样饱含着员工们的信念和技巧的阿莫林的软木塞，在完成之后会贴上各个红酒酿造厂的商标，然后出库。

为了绝佳的香味

距离工厂 30 分钟路程，有一家名为"迷纽帕纳皮埃尔"的酿酒厂，这地方从 70 多年前开始就专门生产红葡萄酒。这里红酒的另一个特征就是短期催熟，在橡木桶中平均只催熟 6 个月的红酒，会在其口感和香味达到绝佳状态时装入瓶中。橡木桶里的红酒不会有香味，而是拥有着可以产生香味的极大潜力，等到产品完成，就会形成一种独特而又固有的香味，这种固有的香味既像是花香又像是蜂蜜香。

短期催熟的红酒在装入瓶中后会散发出绝佳的口感，为了完好地将这份口感传递给顾客，这家酿酒厂在创业之初就一直使用阿莫林的软木塞，因为在比较了多家公司的产品之后，他们认为这里的软木塞是最适合他们的红酒和红酒瓶的。阿莫林一直都在努力，他们会迅速发现可以改善的地方并进行修改和发展，他们也会不断地推出全新的产品，对于全新的红酒他们也是很快就能适应，努力生产出最佳的软木塞。

这家酿酒厂之所以会使用阿莫林的软木塞，其实还有一个原因，那就是为了维持短期催熟红酒特有的清爽水果香。香味是评价红酒品质的标准。

软木是连接玻璃和红酒的唯一通道，同时也起着阻挡外部侵扰的作用，而且直到拔出软木塞，发出"嘭"一声响，这时候保护膜的作用才算完成。

对红酒香味的保持能力是软木塞的必备要素，也是阿莫林所要面对的课题。在位于总公司大楼一角的研究所内，每天都在进行着维持红酒香味的研究，这就是对一种名为 TCA 成分的分析。研究时会准备好酒精度数和红酒差不多同为 12 度的混合溶液，然后将软木塞放入溶液中,等待 24 小时后,分析其中是否产生 TCA 以及其他种类的化学物质。

TCA 是软木塞和红酒接触时会产生的一种成分,这种物质会在瓶

为了提升软木塞的质量而进行的分析 TCA 成分的过程

塞上生成霉菌,让红酒的香味变质,TCA 所产生的污染概率约为 5%。为了解决这一问题,阿莫林从 12 年前开始就对生产的所有软木塞样品进行测试,记录相应的 TCA 数值。

研究所建立初期,是为了减少当时发现的 TCA 成分的数量,后来随着红酒产业的扩大,为了迎合发展的需求,研究所的重点也放在了对软木塞质量的提升上。

研究所所记录的数值会很快送到工厂,工厂会根据不同产品的数值去除 TCA 成分。这道工作也不会使用化学物质,而是完全靠蒸汽来完成的。在这道工序进行的过程中,软木塞内的 TCA 会被破坏,从一开始的原材料到最后的完成品,阿莫林所生产的所有软木塞在经过洗涤过程后都会经过这个"制作进化"的过程。

这项彻底保密的技术是从开始研究 TCA 之初由阿莫林亲自想出来的,也是全世界独一无二的。阿莫林的软木塞是通过不断改善品质完成的,其产品已经走出葡萄牙,得到了全世界的认可,

出口到美国、意大利、德国等全世界 40 多个国家的酿酒厂。

和大自然的和谐并进

目前阿莫林的软木塞占据世界市场的 25%，这是 142 年所积累的知识和经验创造的硕果，而这份知识和经验也成为了革新的沃土。虽然阿莫林已经是超过 100 年的公司，但在革新精神和解决问题的能力上，依然是朝气蓬勃的。

阿莫林会对无法用于瓶塞制作的厚度较薄、品质较差的软木进行单独分类，这些被遗弃的软木会被进行粉碎并再次用于其他产品的制作。将软木粉末完全压缩后制作成硬实的木板，就像制作三明治一样，将两块软木板放在木板上面，从两边施加压力。

软木粉末压缩是为了二次利用软木所开发的技术。1970 年第一次开始了这项研究，通过 10 年的实验终于完成，从 1981 年开始，阿莫林将压缩软木粉末制作而成的地板材料推向市场。

虽然初衷是二次利用废弃的材料，但以地板材料为契机，阿莫林开始着眼于环保产品的开发。虽然原材料都来源于自然，但软木地板材料的制作并没有砍伐一棵树木，所以也是环保的。

软木是不破坏自然所能收获的一种材料，自然分解也相当出色。阿莫林用这种软木制作了各种厨房用品，从碗垫到杯子、碗碟、餐盘等，这些全都是源自想要将自然所馈赠的福利如数返还的心理。这种为环境着想的心理也体现在工厂的运营方式之中，在制作的过程中会形成细微的软木灰尘，为了将废弃物减少到最

二次利用软木材料制作而成的厨房用品

低,阿莫林会将软木灰尘聚集到一处,并将其用作工厂加工所需要的能源,对软木灰尘进行热分解之后,就能够将其用作制作水蒸气所需的能源了。

燃烧灰尘所产生的热能在工厂所消耗的电力中占据了70%,自然所给予的珍贵材料在这里被使用得很彻底,这也是阿莫林日后会继续坚守的信念。

安东尼奥老板认为重要的不光只有利润和发展,对自然的感谢以及与自然维持共生的关系,对于企业的存亡也是至关重要的。

"毫无疑问,成为世界级的企业是我们的目标。但是从另一个层面来看,考虑到自然的革新性原料的开发,换句话说和自然的和谐,在开发软木时对保护自然的重视,才是我们所面临的课题。"

传承了142年的历史、始终如一地坚守自己的信念，直到今天，阿莫林依然梦想着和大自然和谐共处，并朝着明天前进，这也是他们脚下留下光辉印记的原因所在。

阿莫林的成功秘诀

1. 可以获得优质木材的环境

为了制作出优质的软木塞,最重要的就是原材料的品质,也就是木材。阿莫林的原材料源自拥有着栽培绝佳条件的阿连特茹,占据世界软木生产 50% 的葡萄牙的自然环境是阿莫林能够获得成功的最大秘诀。

2. 追求完美的工艺

阿莫林将加工的软木分为四个阶段,并只用其中最顶级的软木制作瓶塞。在对软木进行加工后,会进行彻底的筛选工作,而瓶塞完成后又会进行一遍验收的过程。哪怕是有一点点的瑕疵,质量不良的瓶塞都会被筛选出来。只会保留最优质的产品,这套体系就是阿莫林能够保持名声的竞争力所在。

3. 不断的品质改善

红酒香味的保持能力是软木塞的必备要素,也是阿莫林所要面临的课题。在位于总公司大楼一角的研究所内,正在为保持红酒的香味进行着研究工作,如此在反复的研究过程中便开发出了阿莫林独有的技术。

4. 开发环保商品

阿莫林通过革新原料的开发,试图在开发软木的同时成为和自然和谐发展的企业。软木的获得不需要伐树,而且自然分解也相当出色,所以阿莫林利用这些软木生产出了各种厨房用品,包括碗垫、杯子、碗碟、餐盘等。

店 铺 信 息

地　　址　Rua de Meladas, Nº 380 Apartado 20 4536-902 Mozelos, Portugal
官网主页　http://www.amorim.com
电　　话　+351-227-475-400

传统手工吉他的挑战和革新

美国吉他名店
马丁吉他

"让热爱音乐的所有人的演奏都变得美妙的吉他,我们的吉他迄今为止一直做到如此,日后也会继续如此。"

——马丁吉他第六任老板克里斯·马丁

风靡时代的音乐人喜爱的"马丁吉他"

位于美国宾夕法尼亚州西北部的纳泽瑞斯是由18世纪40年代的德国基督教徒移民聚集所形成的城市。这里是使用德语的德国移民小城镇，因为和他们离开德国之前的生活环境非常相似，所以曾在德国工作的技师们都汇聚在这里工作。

这座可称得上是德国移民者扎根地的城市纳泽瑞斯，就有着拥有179年传统的吉他名店"马丁"（Martin）。1833年，来自德国的创业者创立了这家店，之后于1838年在此地扎根的马丁成为了推动地区经济发展的企业，也成为了代表美国的手工吉他专卖公司。

猫王、披头士等风靡时代的音乐人都喜爱这里的吉他。顾客们表示，如果拿小提琴作比，马丁吉他就像是斯特拉迪瓦里的小提琴，还有的顾客表示它的声音像管弦乐。只要是音乐人，都爱马丁吉他。

这能够让聆听的人和演奏的人全都感动的甜美旋律源于传承了六代的传统技艺，马丁的第六任老板克里斯·马丁一直沿袭着先辈们所走的路，他表示自己的目标就是制作出人类所能够制作出的最顶级的吉他。

拥有179年传统的美国吉他名店马丁，可谓是诞生世界顶级吉他的地方。

无数人的热情造就的公司

1833年，在克里斯蒂安·弗雷德里克·马丁的努力之下，马丁吉他在纽约的一家小商店开门营业。之后于1838年在纳泽瑞斯开启工厂，正式进入了手工吉他制造行业。20世纪30年代，随着音乐市场的崛起，竞争公司也愈发增多。即便是面对这样的状况，马丁依然坚持手工作业，这是因为他们的经营哲学是靠产品的质量取胜，而非销量。

马丁制作的所有吉他都带有固定的编号。如果上面刻的编号是1589851，那就表示这是马丁所制作的第1589851把吉他，马丁还对第100万把纪念吉他和第150万把纪念吉他进行了展示。

通过这些数字，我们就能知晓这把吉他的种类如何，这把吉他具体是在什么时候制作而成的，其用料又有什么。在每一把产品上所刻的固定数字中，包含着过去179年来制作手工吉他的马丁的荣誉，以及日后也会毫不动摇继续走这条路的马丁的意志。

公司内部开办了一个小型的纪念活动，这也是为了激励加入公司1年、5年、10年的员工们。在马丁，一年会举办四次这样的活动，因为在各自的岗位上默默完成自己工作的员工就是马丁所拥有的最大的财富。因此公司还为员工开展了效益分享项目，

退休员工的工作服会在公司的一处进行展示

通过这个项目,每个季度和每年年末都会向所有人发放奖金,这也是对员工们尽忠职守、维护优良品质的一种感谢。

获得 10 年长期工作功劳奖的戴安·辛格尔顿认为这里真的提供了一个非常不错的职场,不可能所有人都对自己的职场满意,而真心享受这份工作的她认为自己是个备受祝福的人。她很喜欢制作吉他的工作,不仅如此,公司对员工的态度也很令她满意,另外在这里还能结识到不少好人。她斩钉截铁地说,这是她这辈子所有的工作中最为享受的工作。

在到 65 岁退休年龄之前,马丁的员工平均要连续工作超过 30 年。拥有 45 年经历的伦·瓦纳这一次就要退休了,对他来说马丁就是另一个家。他表示每天来工作都是件开心的事情,今天是他在这里工作的最后一天,他的脸上充满了遗憾。

虽然他已经退休,但他的女儿柯蒂尼依然会在这里工作。柯蒂尼之前曾工作过六七年，后来结婚生子，之后又再次回到这里工作。虽然他离开了这里，但他的女儿会继续留在这里工作，他们世代相传，将热情奉献在了这里。

那个在 20 岁就投身吉他制造行业的青年，现如今已经成为了白发苍苍的老人，并即将离开公司，他定会怀念过去 45 年来工作的日日夜夜。但他所倾注的一辈子的热情必将留在这里，并在马丁悠久的历史中留下自己的印迹。

制作顶级吉他的秘诀

时间流逝得越久，马丁吉他的价值就愈发珍贵，而这其中都蕴含了过去 179 年来马丁所坚守的不变的法则。马丁老板准确地指出了马丁吉他能够维持顶尖状态的原动力。

"首先就是传承了六代的高品质传统；其次则是设计，先辈所制作的著名管弦乐器模型和民谣吉他都是让人称道的设计，虽然这些设计都是过去的，但依然能够完美演奏现代音乐，至今仍然备受人们的喜爱；第三就是使用顶级的材料，我们走遍全世界寻找用于制作吉他的顶级材料。"

正如马丁老板所说，制作顶级品质吉他的三个条件是技术、设计和材料，这其中材料是制作吉他的基本也是核心要素，马丁每年会从世界 25 个国家亲自采购原木。

正是因为马丁吉他使用的是这种原木，所以才能做出顶级的音色。储藏室里的木材都是进口自多个国家。从三个月到数年，这些木材干燥的时间不等，这是为了储藏时能够保持最佳的湿度。

第六代老板克里斯·马丁

根据厚度和强度等特性的不同,原木长则需要经历 5 年的干燥过程,因为如若使用带有湿气的木材制作,等到一定的时间后,吉他会变形。吉他的品质取决于原木所带有的固定木材纹理。比方说,二级木材用于制作 D28,而顶级原木用于制作 D45,等级是根据木材纹理的漂亮程度来划分的,当然等级越高的木材要价也就越高。

和筛选优质木材一样重要的,就是和谐地搭配使用木材。马丁表示,吉他的正面、背面和侧面等各个部位,平均要组合 6 种以上的原木才能制作出一把吉他,这些各不相同的木材的完美搭配是马丁吉他隐藏的竞争力之一。

完美搭配的红木木材用于制作吉他的两个侧面,店里会找到颜色和木材纹理相同的木材进行搭配,完成制作工序。

从纳泽瑞斯出发,驱车约 15 分钟就能到达伯利恒城。这里有着物流仓库，马丁吉他在制作完成后，会经由这里的物流仓库发往美国国内 500 多家卖场以及出口到英国、德国和法国等世界 45 个国家。因为出口到澳洲的量比较大，所以发往澳洲的箱子较多。还有很多是运往美国各地无数分店的。

产品的保管对马丁而言无异于是另一样制作工序，因为即便是已经制作完成的吉他，如果在温度和湿度的保持上出现了差池，产品也会发生变形。

因为原音吉他采用的是非常薄的木板，所以如果太过干燥就会产生裂缝，而如果水分过多，则又会吸水膨胀，也不太好。因此就需要一个能够完美保管吉他的地方，而这里就是最理想的地方。适合保管吉他的温度是摄氏 23 度，湿度为 43%。马丁的这种对提升吉他品质的努力就在这些看不见的地方延续。

传承六代的马丁独有的制作技术

等到材料准备完毕，负责制作吉他侧面的工匠雷利·法内尔的工作就开始了。他需在用机器的压力让木材产生弯折后，再次用手调整弯曲的程度，而这项工作所要用到的顶级工具就是他的手和眼睛。

像这样完成两个曲度相同的侧面并固定好两面后，需要插入模具中固定 15 分钟进行干燥，之后在侧面涂上粘合剂，将之与吉他的正面和背面进行衔接。等经过 30 分钟的压榨工序后，吉他的躯干琴身就完成了。马丁运用这样的工序制作了 15 种琴身。

其中之一就是制作 14 品民谣吉他。民谣吉他于 1916 年设计

马丁第一次开发出的"X型龙骨"技术

出来,并于1930年开始生产。民谣吉他是马丁于1930年开发生产出的琴身设计,为了制造出更大的音效,民谣吉他的宽度和长度比古典吉他更延展了,而且它也是现如今世界上通用的原音吉他的形态标准。

吉他除了有4弦的音高,还有6弦、12弦,另外还可分为12品、14品琴身以及音调完全不同的木材,将这些组合在一起就可以制作出数百、数千种吉他。

179年传统吉他名店马丁的制作技艺在世界吉他市场上就代表着革新。在吉他的正面安装X型支撑木的技术"X型龙骨",就是马丁在1880年前后,为了防止因琴弦的张力而产生吉他变形所设计出的方案,现如今所有吉他制作企业都在使用这项技术。

这项技术之所以和之前的技术不同,就在于调节音品的"龙骨"。这是在过去古典吉他的基础上改变腰身大小的同时开发出

第三章 个性鲜明的百年老店

的 X 型龙骨，这会更大程度地支撑吉他的正面。而且因为存在调节背面和侧面音调的木棍，所以根据木棍削减的程度，音调和吉他正面的震动程度也会有所不同。

细心制作的手工吉他

制作过程依然在继续，长棍型的木材经过打磨后会制作成吉他的琴颈。根据调节音调高低的音品数量的多少，琴颈的长度也会有所不同，从 12 品到 21 品，马丁根据顾客的订单制作着尺寸各异的琴颈。

接下来的工作可以称为吉他制作的核心工作，那就是将吉他的琴身和琴颈相结合，不使用粘合剂或钉子，单纯靠打磨琴身和琴颈的衔接部分，就像齿轮衔接一般，要毫无空隙地完美贴合在一起。这份工作是由今年工作进入第 46 个年头的维洛・赛比尔斯负责。贴合吉他琴颈部分的工作非常复杂，因为迄今为止还没有出现可以准确贴合吉他琴颈部分的机器，所以这项工作需要人亲自动手完成，需要靠手拉伸琴颈的部分，从感觉上判断是否可以贴合。

还有一项提升吉他价值的工作就是装饰，用于装饰的主材料是贝壳。马丁会利用这些贝壳刻印顾客的名字，又或者用顾客心仪的花纹来装饰吉他，为顾客制作出世界上独一无二的吉他。这也是手工吉他公司马丁所具备的另一项竞争力。

马丁吉他连一些非常细节的部分都会费心考虑到，所以马丁吉他才能在业界保持最高的地位。只有经过非常精细的工作才能

提升吉他价值的贝壳装饰（上）
通过吉他的固定方式便可知商品履历（下）

诞生一把吉他，被顾客拥入怀中。只能用人手完成的装饰工作平均需要耗费两天的时间，等到这个完成之后，吉他就超越了单纯的乐器，而成为一件艺术品。

足足达到150个阶段的制作工序的最后一步就是为吉他连接弦的调弦工作。根据弦的粗细和弦绕过的次数，吉他的音色也会有所不同。马丁会亲手对钢铁制作而成的弦一一绕线，确认吉他的音色。

克里斯·艾克德在过去的15年里一直在这里从事调弦工作，未能通过克里斯验收的吉他是绝对无法摆到消费者面前的。他会先试弹吉他，进行第一道检验。之后放置4天，之所以会需要4天的时间，是因为吉他的基本材料是木材，会有一些小小的变形。因此对于弦有没有拉伸，琴颈或其他部分有没有异常等问题，都需要4天后进行最终检查。在进行最终检查时会对所有部分再一次进行检查，是否能够准确发声、是否留有疤痕等问题都会再度进行确认，之后才能出库。

通过10天完成的马丁手工吉他里饱含着员工们的热情和爱惜之情，这些情感即便是经历百年的洗刷也不会冷却。

面对考验也依然没有改变的信念

马丁吉他每周会将各个领域的员工聚集在一起，对公司的现状进行分析。最近海外出口正在骤增，虽然出口的增长是公司可喜可贺的事情，但也不能盲目乐观，因为这背后又会引发一系列其他问题。

现在最大的问题就是确保原木的用量。迄今为止店里用红木、桃花心木和黑檀木等优质的原木制作出了不错的吉他，使用这种原木来制作顶级吉他是马丁吉他最值得骄傲的地方。可不幸的是，外国是不会无限供应原木的，马丁光今年用来购买原木的费用就高达约1000万美金，可等到一年后，这些材料就会用光。

之前马丁一直努力保持最高的销量，可原木供应量却远远赶不上销量。马丁一天会制作250把到300把吉他。乍一看，工厂像是堆积了很多原木，但这远远赶不上每天 300 把吉他的巨大制作量。

在原料仓库的一角，铁栅栏内存放着 20 年前由巴西供应的红木原木。这种原木可谓是制作吉他的顶级材料，可现如今已经无从购买，因为现在进口已经被全面禁止。

现在顾客主要还是要求采用传统方式制作吉他，这也是马丁吉他的竞争力所在。原木越来越稀缺和自然破坏脱不了干系，领悟到这一点的马丁从很久之前就参与到环保运动中，并通过正规合法途径栽培原木。

到明年，马丁吉他就将迎来创立 180 周年的日子。一个家族传承六代的传统将继续延续下去，他们尽可能用最棒的木材来制作顶级的原音吉他。为了传统原材料的延续，和大自然和谐相处、求得共生也是相当重要之事。

在 179 年的漫长岁月中，马丁经历了无数的变化，变化也曾变为考验，可是马丁在每一刻都始终如一地坚持着一样信念，那就是制作出让顾客满意的顶级吉他。

声音、品质还有严格的条件造就了顶级的吉他，马丁成为了名副其实的顶级吉他品牌。

马丁随时开放

马丁会从每天早晨 6 点开始到下午 4 点对外开放公司，为的就是满足那些想要体验马丁手工吉他的访客。在过去的 179 年里，一直在制作吉他的马丁当属美国国内可以学习吉他文化和历史的

每个月举行两三次特别演出

最棒的学习体验场地,每天光访客平均数量就达到100多名。人们会来到这里亲自试弹吉他,并再一次确认手工吉他的真正价值。

在吉他体验会馆旁是一家博物馆,这里所展示的都是难以用钱计算的马丁的特别吉他。这些都是从创业之初的1833年开始一直到今天马丁所制作的代表性的产品,这里所展示的吉他承载着179年来马丁所走过的历史以及美国音乐史。那把被称为"圣杯吉他"的吉他在1942年的售价约为250美金,可现如今已经高达50万美金左右。马丁还展示了来到美国之后的1834年所制作的吉他,这些跨越了100年岁月的吉他在岁月醇香的衬托下弹奏出更加深邃而又柔美的声音。而聆听着这古老吉他的旋律,人们总是会心潮澎湃。

每天来访马丁学习吉他制作过程的访客也是络绎不绝。这其中有很多单纯爱好吉他演奏的人和梦想成为音乐人的人，但也不乏目前正活跃乐坛的歌手和吉他演奏家。

　　来到这里的访客在看到员工们专注于自己所负责的领域时总会记忆深刻。看到他们就能知晓他们在工作时是多么的认真和专注，为了制作出优质的乐器，他们真的是竭尽全力。看到他们这样的一面，也让人对他们制作的吉他平添几分信赖。

　　马丁的优秀之处还在于他们并不隐藏自己所拥有的技术和信息，而是将其分享给其他吉他制造业者。而且从很多方面来看，这对来访这里的孩子们来说也是不错的教育场所。正是这样的分享精神吸引了更多人来访，也让所有人都对马丁肃然起敬。

　　365天中马丁每天都会为所有访客开放工厂的大门，通过这种开放式的经营方式，马丁实现了和顾客的沟通，并获得了顾客的信赖。

　　每个月马丁会在吉他店里举办两三次特别的演出，马丁的员工会亲自为来访店里的顾客演奏吉他。马丁从10多年前就开始一直保持这种特别的演出，让顾客亲耳倾听吉他的声音，听者也就会产生想要演奏的心理。马丁的高品质不仅获得了美国的认可，甚至在全世界各地都形成了同好会，即便如此马丁依然没有放松警惕。

　　营业负责人艾德·哈里斯仅在2012年就进行了40多天的巡回演出，相当于巡回了整个美国40次左右，其中有几个地方还在外国。

　　在岁月流逝中依然没有被遗忘的音乐、总是想要让人听上一回的演奏——179年传统吉他名店马丁所追求的就是在这音乐和演奏中留下马丁的吉他旋律。

  如同艺术品般的马丁吉他在岁月的打磨下声音会变得越发迷人，就仿若红酒一般，以传承了179年的传统和革新为基础，马丁正书写着世界吉他的历史。承载着马丁的汗水与热情的吉他日后也会为热爱音乐的人们带来难以忘怀的感动。

马丁吉他的成功秘诀

1. 诞生优秀吉他的技艺

马丁的制作技艺本身在吉他市场上就代表着革新。在吉他的正面木板上安装 X 型的支撑木,这项名为"X 型龙骨"的技艺是由马丁首次开发出来的,现如今已经被所有吉他制作企业所用。正是因为在所有工序中都承载着代代相传的诀窍和技艺,并且一直坚持不懈地默默付出努力,才造就了传承六代的高品质吉他。

2. 用优质原木进行制作

材料是吉他制作的基本,也是核心要素。马丁只选用全世界的优质原木,随着海外采购原木变得愈发困难,马丁参与到栽培种树的环保运动中。只有保障了优质的原木,才能制作出优质的吉他,为此必须要保护好大自然,马丁领悟到了这一点,并将其付诸到了实践中。

3. 沿袭传统的优秀设计

先辈们所制作的著名管弦乐器模型和民谣吉他是值得称道的设计。特别是民谣吉他,为了制造更大的音响,其宽度和长度都比古典吉他大,现如今已经成为了世界通用原音吉他形态的标准。虽然马丁的设计都是从前的,但和现代音乐也达到了完美的匹配,依然备受人们的喜爱。

4. 用开放的方式面对大众

马丁每天都会向访客开放。从早上 6 点到下午 4 点,公司会对外开放,而这里是可以体验到马丁手工吉他的顶级学习体验场地。而且每个月店里的员工都会亲自为顾客弹奏两三次吉他,为的是让顾客也产生想要演奏的心理。通过这种开放式的经营方式,马丁实现了与顾客的沟通,也获得了信赖。

店 铺 信 息

地　　址	510 Sycamore Street P. O. Box 329 Nazareth, Pennsylvania 18064–0329, USA
官网主页	www.martinguitar.com
电　　话	+1-610-759-2837
营业时间	周一至周五 8:00 ~ 17:00

靠充满个性的设计取胜

意大利手工雨伞
马里奥·塔拉里科

"只靠品质取胜，这便是真正的工匠。"
——马里奥·塔拉里科第四任老板马里奥·塔拉里科

位于那不勒斯托莱多大街的"马里奥·塔拉里科"

  相信谁都有过一次丢失雨伞的记忆，或者有过几次，因为经常弄丢，甚至觉得购买昂贵的雨伞会有些压力。但是不管什么样的事物，一旦积累了历史承载的文化，就会产生意想不到的价值。

  在意大利那不勒斯，雨伞不仅具备着挡雨的功能，同时也是体现优雅的配饰之一。正如领带需要搭配白衬衫一样，雨伞也是同样的道理。对于那不勒斯的潮人而言，雨伞是时尚的必备品，就算不下雨，也可以搭配服饰拿着雨伞。

  在意大利南部城市那不勒斯，有一家从 19 世纪就开始制作雨伞的小店。这里的雨伞并不是任何地方都能买到的常见的廉价雨伞，而是只有这里才能看到的美丽雨伞，已经传承到第五代并采用传统手工艺方式制作的马里奥·塔拉里科（Mario Talarico）

第三章 个性鲜明的百年老店

雨伞兼具实用性和美观,是那不勒斯潮人必备的时尚单品。

那不勒斯面向地中海,是拥有着魅力风景和意大利城市中最佳气候条件的著名的旅游城市。雨伞店马里奥·塔拉里科就位于连接到那不勒斯海岸线的托莱多大街的街头。跟随巷子里打开的雨伞,就能找到这家经历了152年时间、于1860年开业的小小雨伞店。从廉价的成品雨伞,到高级手工制作的雨伞,小小的店铺里填满了数百种雨伞。用传承了152年的经验所制作完成的手工雨伞已经成为了那不勒斯的特产,造访这里的美国、日本、德国、法国等世界各地的游客络绎不绝。

使用天然木材制造

马里奥·塔拉里科是1860年由第一任老板本·乔凡尼在意大利那不勒斯开创的雨伞店。

工匠的自尊心与其资历成正比,对手工制作的执着让其制作的雨伞拥有了独一无二的价值。

"我们所制作的雨伞并不是普通超市里就能买到的、任何人都能拥有的雨伞,只有真正懂得美丽雨伞价值的人才能拥有这里的雨伞。"

第四任老板马里奥依然凭借着这样的坚持在制作雨伞。只要有人能慧眼识得这些美丽雨伞的价值,他的手就不会停下来。他不会制作任何人都能拥有的一模一样的雨伞。来到塔拉里科雨伞店的顾客大部分都是30年左右的熟客,一把雨伞使用能超过10年。这份坚固之美,让初购者都变成了熟客。

制作伞柄的第四任老板马里奥·塔拉里科

在被独特的雨伞所吸引而来到店里的人群之中，还有很多访问那不勒斯的游客。马里奥·塔拉里科会用鹿、牛等动物的角来装饰手柄，制作出独特的雨伞。售价也是各有不同，从人民币60元到300多元不等。

一般超过60元的手工雨伞的最大特征就在伞柄上，其坚固的伞柄是象征着马里奥·塔拉里科雨伞的显著特征。整个伞柄都是用木材制作而成，散发着独特的美丽，这些都是用樱花树木材作为原料手工制作而成的。其他的雨伞工匠都会尽可能将伞柄做得纤细，这里的做法却有点令人难以置信——原封不动地使用木材制作伞柄就是这里的特点。未曾剥皮的天然木材连根一起原封不动被制作成伞柄，这份自然就是这里的特征，这也是世界任何其他地方都找不到的特别之处。

第三章　个性鲜明的百年老店　227

存放木材的地方位于店铺旁边的仓库。他们主要会从意大利托斯卡纳、德国、匈牙利等地区引进木材。李子木、花曲柳木等，光是所使用的木材种类就多达 40 多种。

去工厂挑选木材下单后，会先将木材放在外面搁置一段时间，在接受雨雪的侵袭后，经历自然干燥，等到大概 6 个月的自然烘干完成后，木材就变成了适合制作伞柄的状态。用于制作伞柄的木材其组织必须够细密够坚固，若非如此，是难以承受雨水的侵袭的。

制作伞柄的工作由第四任老板负责。他会对木材进行打理，尽可能地保留木材的自然感觉，让人们在使用时没有不适感。将粗糙的部分打磨光滑，再将凸起的部分削平，最后喷上一层蜡裹在表面，如此伞柄便完成了。即便雨水侵袭也依然轻便，握在手中也非常自在舒适。

在优质的木材上耗费时间和精力，就能使木材的品质优于金属，这里所使用的木材即便吸水也不会扭曲或膨胀。如果是质地恶劣的木材，很快就会膨胀开来，也就无法再撑开雨伞了。

狭窄却承载着历史的工坊

所有的工作全都是在一间狭窄的工坊里完成的。距离店铺大概 30 公里远，在狭窄的小巷深处就是雨伞店兼工坊。这里的工作台已经使用了将近两个世纪。这座如同那不勒斯遗迹般的工作台本身便是马里奥·塔拉里科的见证。这些陈旧的痕迹不仅会诉说历史，而且也是营造出这种古色古香氛围的一等功臣。

为了能在这狭窄的空间顺利完成工作，一面的墙上被挖了一个圆形的小洞，这是因为这里不够空间放置长伞柄。

第四任老板现如今依然坐在那把他 12 岁起就一直在坐的椅子上做着同样的工作。虽然现在他已经是 80

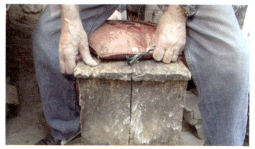

历经两个世纪的狭窄简陋的工作空间（上）
已经一同走过 70 年的工作椅（下）

岁的老人，但一切并没有改变。工坊里的所有一切都如主人般坚持着原有的模样，连椅背都没有的椅子足足用了 70 年，自然成为这副样子了。

70 年来这把木椅子一直载着主人，并作为造就无数雨伞的小助手一直存留到了今天。第四任老板说他从未在舒适的椅子上工作过，对他来说，那些有着全新的工具和最新机器设备的环境让他难以工作。"如果这个环境改变了，我就不是我了，我就不再是工匠了。"从他身上，我们感受到了一份坚持。

这座陈旧的工坊就像是马里奥·塔拉里科老板自己，他将一辈子都奉献于这里，如果改变了这里的任何一处，就好像是否了他的历史，现如今他依然会坐在这里，和小时候教授自己如何制作雨伞的父母相逢。

马里奥·塔拉里科是由乔凡尼·本·乔凡尼老板创建的，他将店铺传给了女儿，而女儿又传给了自己的儿子。这家世代相传的店铺也曾面临窘境，第二次世界大战爆发时期店铺相当困窘，那时候和传承家业的信念相比，首先要学习的是如何维持生计。

"我们不富裕，为了不忍饥挨饿，得认真工作才行。"第四任老板到现在都记得小时候自己的父亲所说的这句话。虽然那时年纪尚小，但他已经明白了这句话的含义，并领悟了工作的必要性。所以他跟随父亲一天工作16到18个小时，就这样靠制作普通雨伞和修理雨伞支撑了店铺。

之后到了20世纪80年代，随着中国制造的低价雨伞的引进，意大利雨伞市场受到了重大的打击。当时第四任老板认为一定要制作手工艺产品，需要一些和大批量生产的雨伞不同的个性十足的雨伞，他认为只有这样才能让店铺做到差别化，进而生存下去。因此为了订购最高级的布料和高品质的雨伞配件，他将所有的钱全都投了进去，首次制作出了高级手工雨伞，当时还引进了特别的设计。

专注于高品质生产而非大批量生产的战略计划一击即中，从这时候开始马里奥·塔拉里科雨伞迎来了转折点。

之后店里着眼于18世纪的女用古典雨伞，开始引进古典的设计，并再次诠释出马里奥·塔拉里科雨伞的风格，这便成了现如今我们看到的设计的雏形。

创造独一无二的雨伞

马里奥·塔拉里科手工制作的雨伞都拥有着独一无二的设计,差别化的设计正是最核心的竞争力。

现在雨伞的设计由第五任老板马里奥·塔拉里科负责,为了获得灵感,他会随身带上一个速写本,经常去往那不勒斯海边,然后构思全新的雨伞。周围的所有风景、所有事物都会成为雨伞的素材,大海、阳光等那不勒斯独有的特色都为雨伞的设计带来了灵感,所以马里奥·塔拉里科的雨伞饱含着地中海的美丽风情。

第四任老板没有儿子,继承叔叔衣钵的第五任老板马里奥·塔拉里科已经和叔叔一起共事了15个年头。第四任老板说他刚开始没有想到侄子会做得这么好,但现如今他已经可以完全放心地说:"日后他肯定能做出更好的雨伞。"他很看好侄子坚持不懈的努力学习新事物的热情。

第五任老板绘画的天赋与众不同,为了当作练习,他开始在雨伞上绘画,这便造就了全新的机会。两年前他制作的绘画雨伞成为了热卖商品,被人们用来庆祝纪念日或当做贺礼。为了在结婚纪念日给妻子送份特别的礼物,甚至有客人拿着妻子的照片前来。此时第五任老板就会看着照片认真地进行手绘,将图画绘制在雨伞上,等到绘制出与照片中相似的脸庞,便会采用防水的染料进行上色。

这项工作是因为机缘巧合才开始的,现在收到的订单越来越多,已经成为只有这家店才有的特色。这在经济收益方面也是相

为了一位顾客制作的"绘图雨伞"

当可观的。虽然马里奥亲自绘制的特别雨伞有很多,但最令他感到骄傲的还是为教皇制作的雨伞。他向访问那不勒斯的本笃教皇送上了足足耗时4个月制作完成的绘图雨伞。

对于用自己的才能创造出全新产品的第五任老板而言,雨伞就是热情和挑战的对象。

塔拉里科雨伞将现代的感觉和传统的优雅相结合,完成了个性十足的设计。店里也会用现代的方式制作18世纪至19世纪的传统样式的女用雨伞,虽然现如今这种传统样式的雨伞大多已经销声匿迹,但塔拉里科依然在努力传承传统。这种试图传承传统的努力也会延续到订购雨伞的顾客身上,对于寻求雨伞古典风情的顾客而言,塔拉里科所给的总能超出他们的预期。

在马里奥·塔拉里科有很多追求私人定制的顾客。雨伞爱好者科里利亚诺在购买雨伞时会先跟店里商议用什么类型的布料会比较好,收藏雨伞的科里利亚诺沉醉于塔拉里科老板的手艺,从20年前开始就是这里的熟客。

他的家中到处都是各式各样的高级雨伞，光是现在收藏的雨伞就有 50 多把。18、19 世纪风格的女用雨伞系列比任何饰品都要美丽奢华，当时的女性主要将雨伞当做阳伞使用，而手工雨伞则是有钱人士的象征。他的藏品中还有出游旅行用的迷你雨伞，这种只要转动手柄就能分解开来的雨伞长度较短，可以轻松地放到背包中。

这些雨伞都是他特别委托店里制作的，使用的地点和季节都各不相同，而且都是全世界其他地方看不到的独一无二的雨伞。独创设计和华丽颜色的搭配只有手工艺才能让这一切成为可能。马里奥·塔拉里科并不是制作出多个相同的雨伞，而是一把只制作一件，正因为如此才更显特别。

诚心诚意亲手制作的雨伞

打开塔拉里科雨伞，就能看出制作之人的热情，就算说这是那不勒斯的象征也不为过，从手工艺精致完成的布料和木制的伞柄就能看出其品质如何。

雨伞设计的基本是布料的选择，店里只从高级西装布料的店铺订购布料，而且并不是从已经做好的织物中进行挑选，而是亲自委托布店定制自己想要的花纹。布店拿到样布后，会在 6 至 7 个月前先拿给第五任老板过目，只要他满意，就会订购 100 米、200 米或 250 米。

和花纹一样重要的就是布料的材质了。雨伞的基本功能是防水性，而且布料也必须起到挡风的作用，下雨时也不能漏水。

亲自订购高级西装所使用的雨伞布料（上）
为了碰触也不会生锈而进行的防生锈处理（下）

布料的设计也是有原则的，那便是和颜色相搭配的花纹的协调。最近店里主要为高年龄层进行古典的设计，马里奥偏爱蓝色系列的斑点花纹，而设计的方案则是亮色系的蓝色布料搭配红色斑点，暗色系的蓝色布料搭配米白色斑点。

虽然每次的色泽和设计都是不一样的，但剪裁的纸样却很简单，因为雨伞的基本形态都是大同小异的。纸样上会写有数字，这些数值就体现了根据身型尺码所搭配的雨伞的尺寸，比方说如果写有 75/8，就意味着伞面长 75 厘米，伞骨为 8 个。

雨伞也分不同的尺寸，这令我们很吃惊。根据使用人的不同来制作相匹配的雨伞，塔拉里科的这种对顾客的关心也体现出了他们对顾客的姿态。另外根据纸样大小的不同，还分为女用、男用雨伞。

缝制布料的过程也是完全用手工完成的。因为对布料的精细处理会提升雨伞的质量，而且为了防止雨伞被侵蚀生锈，还会仔细地做好防生锈工作。一旦生锈雨伞就损坏了，很快就会散架。

防生锈工作完成后的雨伞会交到第四任老板的手中，通过最后的验收过程，一把雨伞就完成了。手工制作一把雨伞需要整整三个小时，两个人一天可以制作的雨伞也就只有三四把而已，而质重过硬的原则也是支撑了店铺走过 152 年的坚定信念。

第四任老板自信地表示，他从未听顾客说过有谁不满意自己制作的雨伞，也从未有顾客来店里退过雨伞。这并不是因为运气够好，而是因为顾客明白这是他们倾注所有的心血所制作的雨伞。

但即便顾客满意，也不能骄傲自满，仍然要严于律己，这便是他对后代的教诲。华丽的设计中蕴藏着坚固的质量，所以马里奥·塔拉里科雨伞才会很特别。

追求传统，而非金钱

第五任老板的儿子扬为了见繁忙的爸爸，偶尔会来店里。对于孩子来说，这里无异于游乐场。马里奥老板说如果孩子能够继承这家店，他会很开心，没有什么比继承家族传统更重要的事情了。他希望扬能够超越自己，成为一名优秀的雨伞工匠。

下午 5 点，是雨伞店结束一天营业的时间。即便是在雨伞销量一般的淡季，早上 7 点开门之后，也一定会保证每天十个小时的营业时间。不过在一天工作结束之后，大家会聚在一起吃一吃、聊一聊，而聊天的话题绝对不会落下对新产品的讨论。为了给雨水较多的 9 月旺季做准备，讨论要推出什么样的雨伞是非常重要的。他们讨论着为游客制作雨伞的计划以及在布料上绘制什么样的图案，充满了热情和活力。对于他们而言，雨伞就等同于

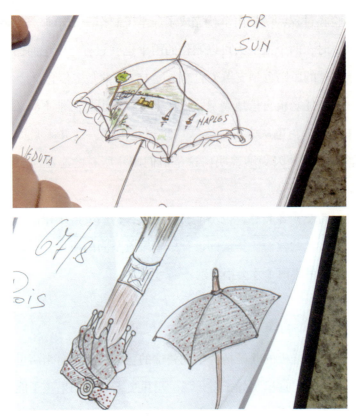

雨伞的设计由第五任老板负责

日常生活。

马里奥·塔拉里科于 20 年前开了第二家店,第一家店由第四任老板负责,而第二家店则由第五任老板负责。第二家店开店之后,由于游客的造访,销量成倍增长。虽然这也是多亏了店铺增加的关系,但展示柜台上呈现的展示效果也不容小觑。因为店里倾注心血,会根据季节不同变换橱窗里所展示的雨伞。

女性所偏爱的明亮华丽的伞在阳光强烈的那不勒斯可以兼当

雨伞和阳伞，所以在游客中人气更高。今年夏天还有一款新产品，那就是可携带的遮阳伞。这种用纯棉布料就能完美抵挡阳光的产品携带时可收纳在伞套里，为了方便去海边的时候可以系在身上，上面还配有绳子。

制作出新产品后，第五任老板就拿着产品到现场招揽顾客，来到海边，向人们展示这种雨伞，并让大家试用。这也是为了宣传雨伞，并了解顾客的喜好。

虽然这只是一家小巷里的小店，但来访的人可都来自五湖四海。从美国、日本、法国等全世界各地都打来订购雨伞的电话。不管是海外哪个国家，都能送到。即便顾客在千里之外，也会来寻找这里的雨伞，这是因为店里所积累的信赖所致。

第四任老板表示，即便没有钱，即便卖出去的雨伞不多，他也一直很开心。虽然他已经是80岁高龄，但是现在依然能够制作雨伞，这让他一直心存感激。马里奥·塔拉里科是家雨伞店，但店里并不畏惧阳光，也不总是希冀着下雨，他们没有折服于环境和条件的限制，已经制作了152年的雨伞。这漫长岁月的忍耐、坚持以及价值全都包含在了塔拉里科雨伞里。面对难关，他们不会有所畏惧，而是会变得更加坚定真挚。这所有的一切就是岁月的力量。

"也许我们去结识投资人，做出塔拉里科的商标，跟投资人合作一起去中国开设工厂，在电视上大肆做广告宣传就能赚到大笔的钱，但那样并不会在历史上留下印迹。"

第五任老板马里奥·塔拉里科表示他只希望追求传统。他们心里很清楚，如果只是为了钱，这条路应该会更好走一些。但面对日进斗金也不能放弃的就是传统，如果放弃了传统，也许能够赚更多的钱，但留下的也只是一具空壳，很容易就会坍塌的。

不辞辛劳、不为金钱、只为传统和名声，这便是马里奥·塔拉里科雨伞的价值，也是企业的哲学。

马里奥·塔拉里科的成功秘诀

1. 塔拉里科雨伞专属的独特美丽

丰富多样的设计以及用鹿角、牛角等特别材料装饰而成的风情万种的伞柄正是马里奥·塔拉里科雨伞的个性所在,一眼就能看出其坚实的伞柄也是其最大的特征和优点。伞柄本身是由木材制作而成的,散发着独特的美丽。

2. 制作坚实的雨伞

马里奥·塔拉里科的雨伞和普通雨伞不同,是出了名的耐用,这是因为152年来马里奥·塔拉里科坚持使用栗子木、樱花木、橄榄木、李子木等顶级的天然木材制作雨伞。这里制作的雨伞坚固又长久,而且在制作时会使用一整块木材,完好地保留了自然木材本身的纹理。正因为如此,制作好的雨伞才会结实,寿命也更加长久,为顾客带来了极大的满足感。

3. 制作独一无二的雨伞

这里的所有雨伞都只有唯一的设计。马里奥·塔拉里科雨伞的设计举世闻名,从世界著名人士到蕴含了那不勒斯美丽风情的自然景观,都在其设计作品之中。主要从那不勒斯的美丽风景中获得灵感并进行设计的马里奥·塔拉里科会在自己手中完成这世界上独一无二的雨伞。雨伞所用布料的花纹他也会亲自选购制作。

4. 所有的工序都是手工制作

从制作伞柄的工作到布料的缝制过程,马里奥·塔拉里科的所有工作都是手工制作完成的,所以每天能够制作的雨伞就只有三四把而已。但正是店里质重于量的信念造就了一把把优秀的雨伞,从未有一名顾客来店里退雨伞,这种细致又优异的手工艺堪称是绝佳的竞争力。

店 铺 信 息

地 址 Vico Due Porte a Toledo, 4/B, 80134, Napolim, Italy
官网主页 www.mariotalarico.it
电 话 +39-081-407723

靠传统领先时代的触感

德国领带名店
埃德索尔·克鲁内

"好的产品会在自己付出100%热情时完成。"
——埃德索尔克鲁内第五任老板扬·亨瑞克·谢尔波·修图克

🏠 柏林，这座流淌了 800 多年历史的城市，在 19 世纪后半期成为德国帝国的首都后，迄今为止一直是德国政治、经济的枢纽，因此，在这里经常能够见到打着领带、西装革履的绅士。

在韩国亦是如此，像德国一样，但凡从事政治或经济领域的工作人士，都是要打领带的。在特别正式的场合，领带是决定一个人印象的重要元素，也是时尚单品。

自创业之初一直到现在，埃德索尔·克鲁内（Edsor Kronen）就坚持着一贯的手工作业方式，是一家专门制作领带、方巾、腰带等手工制品的公司。在德国，埃德索尔·克鲁内以其产品的时代感而闻名，其设计的特点就是华丽。

从创业之初就开始采用的百合、猎豹、大象等传统设计图案，迄今为止依然饱受欧洲绅士的喜爱。虽然流行变幻莫测，但这些图案每次都会在融合了时代风情之后，重生为另一番模样。为了引导流行趋势，必须具备的首要条件，就是要有一双读懂时代的慧眼。

这里就是根基深厚的、追随传统技艺和时代创新的、形成绅士风格的地方——拥有 103 年传统的德国领带名店埃德索尔·克鲁内。

领带的天堂

埃德索尔·克鲁内的店铺里陈列着各式各样的领带，可谓是领带王国。每一条领带都是工匠一针一线缝制而成的，拽一拽就能感受到其伸缩性，这便是手工作业的力量。

靠传统技术和创新感觉制作手工领带的"埃德索尔·克鲁内"

埃德索尔·克鲁内所具备的另一大竞争力,就是选择范围的宽泛。光是如今店铺里在出售的产品,就多达 4000 多种。从职场人士所喜爱的西装领带到方巾、围巾以及最近备受欧洲年轻男性瞩目的时尚单品蝴蝶领结,埃德索尔·克鲁内出售着可以装扮男性的所有配饰。因为其美丽优雅、兼具现代风格、品质优良,所以更加受到男性朋友的喜爱。

在这里,设计相同而颜色不同的产品有很多。不光是领带,埃德索尔·克鲁内出售的所有产品都是如此。相同的一个设计,少则有 6 种颜色,多则有 8 种颜色,150 种设计都会准备 8 种不同颜色。制作出能够体现个性的丰富多样的产品,是目前埃德索尔·克鲁内所追求的最大的目标,他们表示会"生产所有能够让男性变成绅士的产品"。

陈列在店铺里的五颜六色的领带

埃德索尔·克鲁内的精神包含在6个字内：传统、品质、信赖。每次在制作领带时，这6个字都会成为重要的中心要素。

修图克老板虽然资历不长，但在内心深处，他比任何人都更加理解公司的历史和传统。他的办公室里收藏有1944年的广告册子，打开封面首先映入眼帘的就是创立之初公司的照片。在剪切下的过去的一则广告中，有着这样的句子："系上优雅又兼具品味的克鲁内的领带，就能感受到心中所愿的喜悦。"

公司正是为了制作出能够分享喜悦的领带，才一路走过了103年。

老板是最棒的宣传模特

埃德索尔·克鲁内于1909年在柏林的中心大街开业。这之后凭借手工作业的传统名声大震,成为了代表德国的手工领带公司。在繁荣的背后,除了手工业之外,还有着传承五代的另一种传统,那就是传承并不靠血缘关系,而是由有能之士领导公司的发展。

修图克老板也是根据这一原则,年纪轻轻就当上了老板。他在2010年28岁时进入埃德索尔·克鲁内工作。他并没有学习过时尚,虽说毕业于德国名牌大学的法学专业,但平时他有过人的时尚感。在知道他有过人之处的叔叔介绍下,他加入了埃德索尔·克鲁内。虽然他学习的是法学,但一直对时商业界非常关注,这种关注取得了积极的效果,而很幸运地,他得以在这里开始工作。正式开始之后他才发现,这份工作要比法学有趣得多。

在第四任老板司泰利手下学习了两年之后,他就亲自参与到经营业务之中。到2012年1月,他成为了公司的第五任老板。不管是转交经营权的一方,还是承接的一方,对于这个决定都没有产生异议。曾是前任老板的司泰利,高度赞赏这位青年富有挑战的精神,这是因为修图克发现了公司所具有的传统价值。

之所以他会做出决定尝试经营公司,原因非常的简单,因为他信任公司。这里所有的工作都是手工完成,有着优秀的经营哲学和员工之间坚不可摧的纽带关系。而他对这里的品质、传统和历史也非常的确定,所以他并不需要为此多想。

埃德索尔·克鲁内会手工制作领带,并一条条亲手包装,而且会在所有的包装盒里都塞上一张卡片,卡片的一面写着公司的历史,另一面则印有修图克老板的脸。看到老板这张脸的人就会想起埃德索尔·克鲁内,相应地,看到埃德索尔·克鲁内产品的人也会想起老板的脸。

修图克老板如今就是以这种方式,作为代表埃德索尔·克鲁内的广告模特活动着。光是今年,他的脸已经在德国著名杂志刊登过100多次。虽然他平时是戴眼镜的,但一般拍摄的广告照片都是不戴眼镜的,这是因为他们卖的是领带而非眼镜,公司的广告就是连这样的细节都考虑到了。

作为本公司广告模特的第五任老板扬·亨瑞克·谢尔波·修图克

参与经营的老板为何要全面地参与广告业务呢?这是因为之前他们只将精力集中在了制作优质的产品上,从而导致宣传的缺失,进而造成了认知度的下降。修图克老板开始以一个引领着历史悠久老店的年轻人的形象,吸引了大众的关注。

现在他已经变得非常知名,只要走到大街上,就会有民众认出来,并要求合影留念。一整天都帅气打扮的他,吸引了来往路人的注意。他总是打着蝴蝶领结,穿着帅气的西装,来回走在柏林的大街小巷,因而也被称为"柏林的领带侠"。对他来说,领带是最顶级的配饰，也是能够吸引大家视线的装备。埃德索尔·克鲁内的老板修图克就是埃德索尔·克鲁内会移动的广告模特，也是最棒的宣传手段。

悠久历史造就的特别的制作技术

埃德索尔·克鲁内的产品百分之百都是用蚕丝原料制作而成的。店里每年会从意大利亲自采购两次原料，设计师会亲赴意大利，查看各个系列，并订购各种式样和颜色的样品，再用这些原料来进行作业。

和毛以及棉相比，蚕丝原料的价格要高出两倍以上。为了节省费用，公司也考虑了独到的方法，那就是三角形的剪裁方式。在底边约为 70 厘米，高约为 35 厘米的三角形原料上，就能剪裁出领带的正面、中间部分以及背面等所有的部分，多余的布料只有巴掌般大小。

在公司成立之初，为了不浪费原料就一直沿用这一方法。为了收支平衡，会彻底计算后制作领带。正是因为有这样的技巧，可以用尽可能少的材料完成顶级的品质，才能在使用优质原料的同时保障收益，公司也才能实现多年的发展。

在多年手工作业的经验之中，店里也累积到了更多的技巧。为了为领带定型，在其中插入布芯的方法也是这里所独创的，领带中会插入一条尺寸相匹配的用棉布制成的布芯。另外埃德索尔·克鲁内也会根据顾客的身高和颈围，在制作领带时对长度和宽幅做出区分。

面对高级原料，要想采用最少的材料完成顶级的品质，就要剪裁成三角形的形状。

多年累积的技巧所做出的共74针缝针

缝针的方法也非常特别，最初会用长线开始，并以共74针的缝针收尾，这便是店里的规则。尾部会缝上两三次，之后再从里面开始缝。缝针时只能使用一根线，而且针脚间隔需要保持在0.8厘米到1厘米比较宽松的范围内，如果针脚间隔过密，系的时候布料会起皱，给脖子造成不适感。

完成之后要时时拉伸，测试会不会起皱，整整花了一个小时的缝针才完成的领带就拥有了"伸缩性"这个特别的竞争力。

埃德索尔·克鲁内所追求的优质领带的另一项条件就是立体感。无须熨烫，领带就能拥有自然的蓬松度。边缘部分不会太过扁平，而是略显圆润。

从挑选原料、进行剪裁到最后的收尾工作，每一道工序都是要经过手工仔细完成的。代代相传的埃德索尔·克鲁内的技巧和原则，造就了产品顶级的品质和德国的绅士风度。

在设计上尝试变化

修图克老板当时经营的状况,就有如20世纪70年代一般,所有的一切都是以制作为中心的,之后才慢慢开始引进全新的经营手法和设计技术。

修图克老板不仅推动了积极的宣传攻势,而且还在设计上寻求变化。他在传统的设计上增加了现代的感觉,从而创造出了全新的风格。他从1960年代所制作的一字型领带中获得了灵感,制作了全新的领带。另外他还增加了许多全新的设计,比如稍微改变缝针的方式,让领带厚度更薄,再配以银色的刺绣等。

新的设计会保持传统设计的基本形态,通过调整产品的尺寸大小、花纹排列以及颜色等来制作,这其中"颜色的变化"是核心要素。每次推出新产品时就会带来颜色的变化,即便是相同的纹样,采用不同的两三种颜色,也会诞生出风格完全不同的产品。

"变化"是修图克老板就任后设定的最大目标。埃德索尔·克鲁内在每年夏天和冬天,都会分两次推出2000款新设计的产品。每次当公司推出全新产品时,修图克老板都会和首席设计师展开激烈的讨论,即便开发出了2000款,但最后能够存留下来的只有不到10%而已。

但这份努力却成为了让公司发展的沃土,迄今为止,传承公司的每一代人的特点都融入了公司文化之中,造就了现如今的公司。在第五代修图克老板这里,又变为了重新出发的第一代。

在积极宣传造势以及开发颜色丰富多彩的产品之后,如今公司已经名声显赫,只要是德国人就会知道这家店。来访店里的顾

埃德索尔·克鲁内产品的核心就是"颜色的变化"

客也是络绎不绝,光是今年就有 25 万多位顾客购买了埃德索尔·克鲁内的领带。埃德索尔·克鲁内所制作的手工领带的平均价格为 80 欧元,换算成韩币就是 10 万韩元左右。

第一次接触到埃德索尔·克鲁内产品的顾客,都会给出"超乎预期"的评价。因为这里的领带不仅颜色丰富多样,而且在保留传统风格的同时,还兼具了现代感。对于如今正式开始推进变化的公司而言,没有比这更珍贵的评价了。

和员工一起走下去的公司

埃德索尔·克鲁内有 30 多名员工在工作,这其中亲自制作产品的员工,都拥有长达超过 20 年的工作经验,还有一些是从 1978 年就开始在这里工作的。

在埃德索尔·克鲁内专门从事蝴蝶领结制作的凯思汀,已经连续 21 年每周一都会来公司，这是因为她是在家办公的。凯思汀每周会拿好本次要制作的原料，在家里制作好产品后带过来。虽然她并不在公司工作，但她依然是社保和养老都有保障的正式员工。

埃德索尔·克鲁内有 20 名在家办公的员工，在家办公是公司创立之初就抱持的另一个经营方针。因为公司认为，最大程度地照顾到员工的工作条件，才是提升产品质量的最佳方法。员工的薪资是根据制作的数量来发放的，所以他们干活会更加高效。在所有的员工之中，凯思汀是唯一的一个蝴蝶领结专家，所以说她的手中掌握着埃德索尔·克鲁内的核心技术也不为过。

制作领带所用的工具也是她亲自开发的，这是在任何地方都买不到的工具。虽然制作蝴蝶领结，乍一看是非常简单的工作，但其实绝不简单。21 年来，她的胳膊饱受痛症的折磨，即便如此，她依然坚持着这份工作，就是因为可以在家办公。

孩子们还小的时候，可以一边工作一边兼顾带孩子，现在待在她身边玩耍或做作业的已经是孙子了，正是公司创造了这样一个可以让她放宽心照顾孩子的环境。因为在家办公的关系，她可以自由地调整工作时间，工作中所花费的电费，甚至每周上下班的路费也都是由公司来负责的。在德国，能够让员工如此工作的公司是非常少见的。

修图克老板表示，从公司的立场而言，这种制度并不是损失，反倒是一种收益。因为在这套体系中，工作做得越多，领带做得越多，就能获得越高的收入。所以这也增强了员工工作的动力。因为在家办公的关系,员工可以自由地分配工作时间,周末也可以工作,埃德索尔·克鲁内多年来所执行的这套方式是相当行之有效的。

即便如此,这也不是任何公司都能轻易尝试的制度。这种制度的产生,源自对员工的尊重,正是因为这些始终如一地坚持优秀品质产品的员工的存在,这一切才成为可能。公司与员工相互关心,向着制作出优质领带这一个共同的目标迈进,这种相互共存的方式,正是埃德索尔·克鲁内所具备的最大的竞争力,制作之人的自豪感和责任感完全地包含在了领带之中。

从店铺所在的市中心出发,驱车十分钟到达的一处僻静的小巷,就是埃德索尔·克鲁内总公司和工坊所在的位置。每天早上,来到公司的修图克老板最先做的事情就是确认员工的安好,他会一一和员工握手问好,员工的心情愉悦对公司来说至关重要,只有这样大家才能更加充满活力、更加高效地去工作,如果心情糟糕,就只会一门心思考虑什么时候回家了。

每周五下午,修图克老板会和工坊的员工聚在一起开个定期的小会,在这一刻修图克老板也会放下自己的身份地位,在分享红酒的轻松氛围中和大家聊天。修图克老板此时便成为了最年轻的新手,寻求前辈们的建议、聆听前辈们的想法。所有的员工会以老板为中心,畅所欲言、相互沟通。在这家公司,员工和老板之间一直都是这样的关系,正因为此,员工的满意度也相当高,会说出"公司有时很像游乐园"这样的话来。

"让员工放松心态,就会生产出优质的产品,如此对销售也

每年举办的新商品发布会上的模特们

会产生影响,这种连锁反应会带来成功,仅此而已。"

正如修图克老板所说,他认为公司真正的主人是员工。而这种信念也植根于埃德索尔·克鲁内,它也是年轻的老板修图克日后会坚定不移遵守的经营信条。

向着更广阔的世界

埃德索尔·克鲁内每年都会召开新产品发布会。发布会现场从同行业从业者到政治人士、演员,共有超过500多位名流造访,但是发布会真正的主人则是亲自制作新产品的员工们。埃德索尔·克鲁内的所有发布会都会请员工们参加。

每次发布新产品时,埃德索尔·克鲁内都会转变产品的风格并大获成功。这次新产品的主题灵感源于隶属中亚的国家阿塞拜

结合了阿塞拜疆文化的新产品

疆,阿塞拜疆的野马非常之多,被称为"马之国",公司试图以此着手,创造出全新的产品。

6个月前,修图克老板亲自走访了阿塞拜疆。他从那里的野生动物和传统毛毯的花纹中获得了创意,并开始野心勃勃地准备新产品。随着新产品发布会的临近,修图克老板和首席设计师塞密柯开启了长期会议的模式。

发布会终于开始了,这次发布会对埃德索尔·克鲁内而言,意味着另一种变化。因为这是他们第一次将其他国家的文化移植入产品的设计中,也就是将阿塞拜疆的文化和自己的手工艺结合。现在埃德索尔·克鲁内正梦想着朝着世界市场迈进。

跨越德国、获得全世界的喜爱,这并不是单纯靠提高产品质量及名声就可以实现的,而是需要获得佩戴之人的认可。只有顾客认为自己买到了优质的领带，不管是 6 个月还是一年都非常满意，而且每天都愿意佩戴，这才算得上是成功。

修图克老板希望能以这场阿塞拜疆为主题的发布会为开端，让公司在五年内获得国际声望。现在已经迈出了第一步，剩下的就是要更加努力地前行了。

在保留传统的基础上又不固执守旧，这是让埃德索尔·克鲁内向前发展的最大动力。包括制作之人和经营之人在内，引导公司向前发展的所有人的心思，都蕴含在了他们的产品之中。对于佩戴领带的人而言，这也根植了一份自信。埃德索尔·克鲁内所制作的这些领带的价值，会在时代的流转中邂逅丰富多样的设计和文化，散发出更耀眼的光芒。

埃德索尔·克鲁内的成功秘诀

1. 开发全新的设计

埃德索尔·克鲁内每年都会推出两个系列产品,公司对新产品的开发倾注了极大的心血。每次推出系列产品时,设计师都会亲自前往意大利的织物工厂,在那里经历3至4个月的工作,向世界推出大约800至1000款全新设计的领带。

2. 原封不动地保留着103年前的手工作业方式

从剪裁到缝制、插入布芯、包装工作,制作领带的所有过程都是由工作了20至30年的员工亲手完成的。保留了手工制作优点的埃德索尔·克鲁内,会迎合顾客的需求,调整领带的长度和宽度,从而给顾客带来更大的满足感。

3. 选择能力而非血缘

在埃德索尔·克鲁内传承五代的传统中有一条原则,那就是选择有能之士来领导公司,而不是单纯地靠血缘关系传承。修图克老板也是遵循这条原则,年纪轻轻就当上了老板。作为年轻的老板,他带领公司不断创新,向着世界迈进。

4. 老板就是四处走动的模特

修图克老板正作为公司的模特进行活动。另外每次出售产品时,都会将他的照片印在标签上,亲切地送到顾客面前,这也是为了提升公司的品牌效应,让大家在记住老板这张脸的同时,想起埃德索尔·克鲁内。多亏了年轻老板所推出的积极宣传策略,和过去相比,德国的年轻人也开始对领带产生了更大的关注。

5. 关心员工、提高效率

在埃德索尔·克鲁内,有20位员工是在家办公的。领带制作得越多,薪水也会越多。所以这套体系能够有效地加大员工的工作动力,而员工也更能自由地支配时间,进而提升了工作效率。另外每周五老板都会和员工们一起召开一个小会,这时候老板总会将工作多年的员工当成前辈,聆听他们的建议。

店铺信息

地　　址　Stelly GmbH Skalitzer Straâe 100 10997 Berlin, Germany
官网主页　edsor.de
电　　话　+49-30-618-5014

靠革新传承的千年传统

日本铸造名厂
传来工房

"所谓传统终究还是革新的连续,在每一次的变化中留下的东西,最终就变成了传统。"

——传来工房前任社长桥本和良

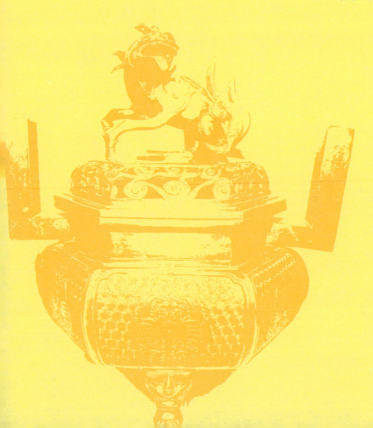

京都的代表性寺院"西本愿寺"的著名景观大型六角"菱"灯笼

🏠 日本的千年古都京都，是一座珍藏着传统的充满风情的城市。从京都站出发，大概 10 分钟的路程就能看到"西本愿寺"，这里是日本最大的佛教宗派的发源地，也是由 1200 万信徒所组成的日本颇具代表性的寺院，已经被指定为世界文化遗产之一。这座寺庙于 1292 年创建，拥有着悠久的历史，其中也保存着许多国宝级的宝物。

位于大殿中心部位的大型六角灯笼"菱"灯笼，是这座寺庙的著名景观，这是 1980 年由铸造公司 传来工房在青铜铸造物的基础上，浇铸金箔制作而成的美丽灯笼。宽 3.6 米、高 2.4 米的这座大型灯笼，就连一些细小的部分也制作得无比精致，而这一切均是手工完成的事实更让我们感叹不已。

传来工房是一家和日本铸造技术历史同步的铸造公司，从精致艺术的青铜像，到大且华丽的铝制装饰，再到现代化的庭院产

第三章 个性鲜明的百年老店

品，公司在保留多年传统的同时选择了全新的未来。公司以过去的智慧为基础，提前一步走在了时代变化的前头，而这些脚步汇聚在一起，迈过了千年的时光。这里并没有单纯固执于青铜铸造技术，而是用丰富多样的材料和技术生产出了迎合现代需求的产品，这就是不仅在装饰日本，也在装饰全世界的千年企业——传来工房。

传承了1200年的传来工房的铸造技术

传来工房之所以能够坚守了近千年的岁月，是因为代代相传的坚定的信念。先辈们所流传下来的古训是："第一，制作出全新且与众不同的东西；第二，打磨智慧和手艺，活出悠闲的生活；第三，制作出能够让后代引以为荣的东西。"这句话中浓缩了先辈们想说的一切。

桥本社长说，书橱的最深处珍藏着公司的宝物，那就是先辈们流传下来的传家宝：曾用于青铜铸造的纹样精巧的木质浇铸模型，背面标有"安政"年号，这是日本的江户时代，也就是距今约160年前制作出来的。继承了传来工房的工房代表，将此物传给了下一任代表，并一直保存至今。

20世纪80年代，现任社长的祖父所制作的青铜香炉，也依然保存至今，这是用继承自传来工房的蜡模铸造技术所制造的。对于制作复杂的铸造物而言，采用蜜蜡制作的蜡模铸造，是一项高效精密的铸造方法。从古代开始，这套方法就一直用于复杂形态、精巧部位或细致纹样的铸造。

在平安时代初期，曾是僧侣的弘法大师，作为唐代使臣前往中国，归国时他带回了中国的文化、艺术以及技术和织工组织，这项技术就是青铜蜡模铸造技术，而传承了这套技术的织工组织就是"传来"的前身。

在弘法大师带回来的蜡模铸造技术指导下，日本实现了较之前更为精致的青铜铸造，所以之后诞生了很多类似佛像、香炉、烛台等丰富多样的佛教用品，也做出了很多足以纳入日本佛教历史的作品。这些也被称为"传来样式"，而京都市的重要文化遗产"平安时代青铜佛像"就是颇具代表性的例子。

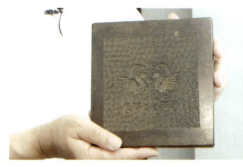

曾用于青铜铸造的纹样精巧的木质浇铸模型（上）
背面刻有"传来"字样（下）

传来织工组织是由大弟子向大弟子传授技术的，保持了传统工房的形态，继弘法大师之后，则采用气度最为非凡的弟子继承传来的原则进行。进入20世纪40年代，传来转变为股份公司，也就形成了现如今的传来工房。

在神户大学建筑学教授向井正也的著作《日本建筑·风景论》中有着这样的文字："传来工房从平安时代就和京都的历史连在一起，传承着'传来组织'的铸造技术，达到了如今的地位"。因为钟情于他们的精巧铸造技术，很多著名的寺庙都纷纷向他们订货。传来工房制作出了很多像佛像、香炉、烛台等纳入日本佛教历史的作品。

从青铜到铝

传来工房所制作的作品也在跟随时代持续不断地变化着，过去他们也曾制作过美术作品和作家的雕刻作品。之后他们转做建筑物的外墙壁，现则用铝制作大门。从20世纪80年代就开始倾注心血的公司的招牌产品——铝门和栅栏几乎已经占到了销量的一半。

制作铝门的第一道工序就是将木质浇铸模型插入铁制的机座上，根据安装地点和顾客的需求，浇铸模型也会千差万别。在浇铸模型仓库存放着300张到400张的浇铸模型，数百种丰富多样的浇铸模型设计，展现了传来工房在制作一道门上对艺术性的重视以及经营哲学。

巨大的袋子里撒出是沙子，这是一种只有拥有50年经历的老将森胁才能处理的材料。这种沙子是从日本岐阜县采集而来的经过催熟过程的铸造用沙子，因为是铸造过程中非常重要的材料，所以详细的信息不便透露。

在木质浇铸模型上盖上一层即便加热也不会撕裂的膜之后，装在金属模具中填上沙子，铸模就完成了。此时将空气排出，让沙子处于真空的状态下，就能做出非常坚实的铸模了。

铸模完成后，将铝熔化，这时候用的是产生的废弃物非常之少的高品质再生铝。还有一件事和铝的品质一样重要，那就是为

在鼓风炉里放入表面处理剂搅拌的方法,是提升产品质量的传来工房的独有秘方

了防止因处理工作导致表面产生小孔或形成裂口,会放入表面处理剂搅拌。这份工作非常辛苦,为了让处理剂能够很好地溶化,需要持续不断地搅拌铸造物。

负责表面处理的员工 18 年来都没有离开过高达摄氏 810 度的鼓风炉。鼓风炉前的工作在冬天还能忍受,但到了夏天就会非常煎熬。可即便身体疲惫不堪,一想到要做出与公司名声相当的优质产品,员工们也一直坚持认真工作。

铝熔解后,将其倒装入陶瓷容器,注入沙子铸模里,注入的量稍微超出注入口一点,工作就成功完成了。产品表面光滑,没有细微的缝隙或开裂,质量高过其他的公司,这便是这里引以为荣的竞争力。

注入之后需要冷却一个小时,等到冷凝完成再解除真空状态,沙子铸模就会碎裂,沙堆中就此诞生出了一件光滑精美的作品。

用以提高产品完成度的三种表面处理剂是 30 年前品质改良

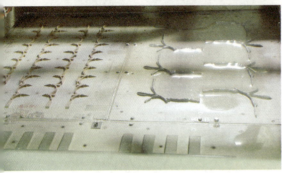

使用沙子的"传来工房"的独有工作方法

研究后所开发出的传来工房独有的秘方。

一开始引进铝浇铸物的是前任社长桥本奈良,革新源自于危机,因为当时的石油波动,社会遭遇经济危机。为了克服这场灾难,公司引进了全新的技术沙子铸造方式,即"V型专业"技法,在原本只使用青铜后转用铝作为主材料的时期,这套技法被开发了出来,并且收获了巨大的效益,使得不良产品率降低到1%左右,采用干燥沙子的这套方法是用于制作像门这种厚度较薄且表面较宽的产品的最佳技术。

在开发出这项技术的当时,因为全世界都没有成功的案例,前任桥本社长彻夜难眠,一直不断地进行着各种实验,但却屡遭失败,他当时的模样依然停留在现任社长的记忆中。现任社长始终无法忘记,多亏了前任社长的努力,现如今才能收获如此卓越的技术,因此他怀揣着对先辈的感激之情,以及想要将优良的遗产传给后代的心愿,领导着公司的发展。

以"三定"精神战胜危机

不久前,前任社长桥本奈良被选为传承文化传统并传授给后代的工匠之一,1962年继承了公司的社长引进了铝,并将家业转变为事业经营。增添了华丽感的铝和传来工房的纤细造型美相邂逅,使得公司不仅闻名日本,也成长为了足以装点世界的浇铸公司。1972年,他们还曾为德国宝马公司的外墙施工,但是随着经济的恶化,需要耗费大笔预算的建筑物施工也越来越少,公司也逐渐丧失了市场。

另外,因为20世纪90年代初期的泡沫经济,就业岗位骤减,之后虽然公司做出了多方面的努力,却并没有那么容易好转,现任社长仔细思量,认识到如果不从最基本的原点开始改变,就很难让结果有所改变,公司急需改变。

因此桥本社长所推进的第一项变化就是定物、定量、定位置

前任社长桥本和良(上)
传来工房的作品——德国宝马大楼(下)

的"三定"精神，其意思就是将"确定的物品"和"确定的量"放置在"确定的位置"上。另外他认为人事、清洁、总务是业务的基础，他相信让乱糟糟的地方保持乱糟糟的原样，是绝对无法做出优良的产品的，如果单纯因为看不见就敷衍了事，也是绝对无法满足顾客的需求的。

秉持着这样的信念，为了从原点开始改变，15年前前任社长桥本独自开始打扫卫生间，先清理工作环境的精神和将顾客摆在第一位的想法是一脉相承的。就算技术再好，优秀的员工再多，如果顾客不来使用公司的产品，企业就无法生存，因此他认为先行梳理好自己为顾客制作物品的信念，才是将顾客摆在第一位的第一步。

在这里每天早上8点半所有员工会一起做早操，正如一流的运动选手也不会突然开始参加比赛一般，在开始工作之前，员工也需要做好身心的准备。体操结束后所有员工会开始打扫卫生，在传来工房，清理环境时不会对职务、年纪、男女、经历有所顾忌，大家会一起上阵，在洗抹布、扫灰尘这些事情上，与职务和年纪无关，大家的地位都是同等的。

但是卫生间的清扫工作是由新进员工负责的，加入公司之后的一年里，必须要打扫卫生间，因为清理环境的基本就是打扫卫生间，所以需要通过彻底的教育，让员工一边打扫一边自己思考环境清洁的意义，现如今桥本社长每个月还会亲自检查一次办公环境的清洁状态。

对传来工房的员工而言，总务已经是了熟于心的一种习惯，

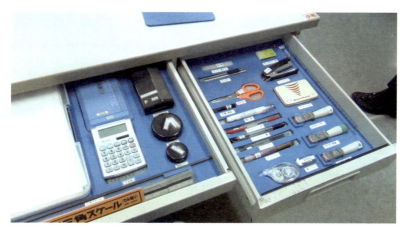

展示了定物、定量、定位置的传来工房的"三定精神"

现在员工们甚至还自己开发出了超越了总务的可以提升工作效率的工具。正如在开始学习之前会先整理书桌一样,在整洁的环境中,才会端正对顾客的心态。

"这样就差不多得了"这种心态是传来工房所不允许的,因为顾客想要的并不是"差不多得了",而是顶级的产品,如果和其他公司水平相当,只满足这么一个差不多的标准,是无法为顾客带来感动的。

寻找专业的合作企业

桥本社长做出的第二个变化就是和专业的合作企业联手。进入现代社会,对于青铜产品的订单逐渐减少,传来工房做出了一个果断的决定,那就是将所有的青铜产品生产全都交由外包处理。

虽然传来工房也是以青铜起家的,但绝对不能因为传统这个原因而忽略了时代的潮流。青铜不仅重，而且作为建筑材料价格非常之高，相反地，铝不仅轻便，价格还比较便宜，因此作为现代建筑材料而言，公司不得不更偏爱铝，随着时代的潮流，铝产品也成为了传来工房最为倾注心血的商品。

从5年前开始，公司和位于高冈地区的一家企业合作，将青铜产品交由对方制作，公司采用的合作方式是做出设计图纸后送过去，再由对方制作。高冈地区是日本最大的青铜浇铸生产地，全国占比达90%，传来工房在高冈地区找到不仅技术能力卓越而且传承了过去铸造技术的企业，长久以来保持着合作的关系。

在制作青铜铸造物的时候，气体不会束缚在铸模之中的模具设计是最为重要的，如何排出气体是过去铸造技术的核心。在铸模中浇上85%的铜和锡、锌、铝合金所做成的浇铸物，此时将温度保持在1200度也是长久经验积累出的技巧。正是因为有企业珍藏着这些技巧和过去的方式，并和公司结成了合作关系，传来工房才能倾注心血在新产品的开发上，从而得以生存下去。

虽然现在传来工房集中心思在铝产品上，但对铝产品中需要更为专业操作的部分，公司也果断地交给外包处理，比普通大门的花纹设计更为复杂的铸模交给了京都的一家工坊，只不过铸模的设计工作还是由传来工房进行的，交由外包负责的只有那些需要完好保留华丽且纤细设计的比较挑剔的雕刻工作。艺术性的铸模很难由普通的铸模师来制作，可是在铸模模具的制作上，因为这家工坊有毕业于设计学校的专业学习这门技艺的人在，所以也能很好地做出复杂的雕刻作品，因此传来才会放心地将工作交给这里负责。

虽然这家工坊负责做事的是拥有20年经验的铸模专家，但他表示在制作传来工房的作品时，片刻都不能放松警惕，传来工房的订单在完成之前非常的麻烦，耗时也相当久。

传来工房最近新签约的合作企业是一家金箔工坊，这里是传承金箔工艺的地方，在京都的多家工坊之中，传来经过非常挑剔的过程挑选了这里。对方送审了多次测试作品才正式开始接活工作，将纯金压成薄薄的金箔抹在铝浇铸物上，对于代代相传只做金箔工作的工匠而言，这份工作也并不简单。

传来工房并不会费心勉强做出什么来，而是更注重选择和集中，并大胆地和某个领域技术最顶尖的企业合作，这也是为了迅速适应顾客丰富多样的需求的桥本社长的经营战略。

传统只有在反叛时才能继续传承

在传承铸造技术超过千年的传来工房大楼的入口处，让人意想不到的是吸引人注意力的一个现代化的美丽庭院，在这个没有青铜铸造物而是用各种精致小巧的装饰品装点的庭院中，就可以看出一点公司的变化。

最近传来工房开始制作用于装饰庭院的产品，因为公司觉得单纯地将产品罗列出来感觉上有些欠缺，于是就用在装点庭院上。这座庭院实际上起着产品展示会场的作用，也有很多顾客亲自来这里观看物品，不仅是顾客，对于其他公司的经营者而言，传来工房所开拓的事业领域也是优秀的楷模。

起着产品展示作用的公司庭院的入口

"世界瞬息万变,而且公司所处的环境也在不停地变化着,如果公司不迎合变化将一切改变一新,就很难生存下去,这就是我的想法。"

正如桥本社长所说,在时代的大潮中这些制作出来的产品会持续不断地发生变化,但是员工们为了提升完成度的努力却始终如一,就算一点小小的瑕疵也不会大意错过,哪怕是发现一点细微的纰漏,大家都会齐心协力地寻找解决方法。当年轻员工难以做出判断时,会来寻找拥有50年经验的铸造工匠,也是公司的前辈森胁。

新产品本身在经过严格的测试后才会决定是否推入市场,公司会将75千克的沙袋抛至80厘米的高度后放下,以此进行压力测试,如果在这种程度的压力下没有产生弯折或掉落螺丝,那么产品就是合格的。而为了进行水平负载的实验,公司甚至还动用了叉车。如果无法通过这些为稳定性考虑的强度实验,产品就需要从设计开始回炉再造,因为员工会亲自参与强度测试,并在此同时进行设计,所以会产生更加有创意的想法,对设计也会大有裨益。

员工们在自己的岗位敬忠职守度过的每一天堆积在一起,形成了1000年的时光,而这漫长的历史对年轻的员工而言也再一次成为了他们的荣耀。

在传来工房,存在着负责产品开发、设计和测试等工作的新产品开发部,10年前,在开发庭院用装饰品品牌的同时,公司又尝试了一次巨大的变化,那就是对设计和品质做出区隔,开发出足以和大企业相抗衡的庭院用产品。为了节省费用,产品在菲律宾工厂生产,但产品在引进时也会采用不亚于日本国内的严格品质管理方式。以邮箱为例,因为考虑到邮箱内的邮件有被雨水打湿的隐患存在,所以公司在经过仔细的测试并确认过物品不会被打湿后才将商品装船。

现在这些庭院用的产品已经占据了整个销售额的一半以上,日本人喜欢装扮庭院,公司在这一点上算是下准了一步棋。而这些产品的特征就在于采用了公司制作的一种名为玻璃纤维增强塑料的特殊材料,并用其再现出树木、砖块、陶瓷等丰富多样的质地,因为光是一个小小的邮箱就能让住宅的气氛焕然一新,所以购买庭院产品的人也越来越多。

从青铜佛像到庭院的邮箱,传来工房之所以能够实现革新,就是因为有一双读懂了时代的慧眼,正是因为这份能够传承千年岁月的领悟一直在注视着顾客的变化,也才能够实现公司的改变。"所谓传统终究还是革新的连续",桥本社长如是说,在每一次的变化中留下的东西最终就变成了传统。传来工房尊重基础,坚守传统的根基,同时还不畏惧挑战,我们希望传来能够通过变化成为让时代铭记的名字。

传来工房的成功秘诀

1. 迎合时代的尖端材料和铸造技术

传来工房不仅进入了室外装饰领域还进入了庭院装饰领域，他们引进了比青铜轻便且质感丰富、有益于表面处理的铝、玻璃纤维增强塑料等材料，制作出了迎合时代的装饰物。每次改变铸造物材料时都会开发出新技术，这便是传来能够存活到现在的原动力。

2. 定物、定量、定位置的"三定"精神

每天早上员工们会一起做体操，加入公司一年期间一定要打扫卫生间，这些都是传来工房的原则。这并不是单纯地清理环境，而是考虑到只有将看不见的地方都打扫干净才能更好地服务顾客，因此才会执行这样的方针。优质的产品以及优先为顾客考虑的传来工房的姿态就源自公司对身心甚至环境都进行管理的经营方针。

3. 专业的合作企业

性价比较高的铸造物不能就此丢弃，而是交由相关领域顶级的合作企业，以此来提升产品的完成度，这便是他们的经营战略。无视时代的变化，单纯地传承传统，这只是一种感性的态度，只有敢于发起改变传统的革新，才能将有价值的传统传承下去，这便是公司的哲学。

4. 品质至上主义

为了顶级的品质和完成度，公司从未吝惜过努力，即便一点小小的瑕疵也从不大意，产品本身会经过严格的测试才决定是否推入市场。为了节省费用，在菲律宾工厂生产的庭院用产品也会经过不亚于日本国内的严格品质管理方式再引进。

店 铺 信 息

地　　址	京都市南区吉祥院新田武の段町45番地
官网主页	www.denraikohbo.jp
电　　话	+81-75-681-7321

102年岁月打磨出的红色香味的秘密

法国橡木桶名厂
弗朗索瓦·弗雷尔

"我们不得不发展,因为不能停留在原地。"
——弗朗索瓦·弗雷尔第三任老板让·弗朗索瓦

小村庄圣罗曼的骄傲"弗朗索瓦·弗雷尔"

🏠 **每到冬天**，巴黎这座城市就会充满幽静的风情，横穿市中心的塞纳河以及横跨天空的埃菲尔铁塔总能打动游客们的心，但是法国旅行的浪漫之处并不仅仅在风景，在露天酒店的一场朴素的用餐和一杯红葡萄酒里也能感受到法国的风情。法国产的红酒非常的特别，因为这里有制作优质葡萄酒的秘方，这里有像勃艮第和波尔多这种可以酿造出品质优良的葡萄酒的地方。

在巴黎东侧的独特地区贝茜村（Bercy Village），就能看出法国红酒的历史。从19世纪到20世纪初，这里一直是巴黎红酒交易的地带，也是各地所产红酒的集中地，这里曾是红酒酒窖所在地，而这些痕迹依然留在这里，大型的红酒酒窖经过改造，现如今被用作餐厅或商铺等。

一杯红酒中蕴含着许许多多的故事，而橡木桶更是增添了其故事的深度和韵味，红酒在橡木桶内寂静的黑暗中变得更加丰富起来，虽然橡木桶曾伴随红酒从头走到尾，但却从未表露过自己，橡木桶的作用就如同为美女添姿增彩的香水一般，更加凸显葡萄酒的芬芳浓郁。

法国在开发了橡木桶催熟法的同时，也迎来了红酒历史的转折点，橡木桶让葡萄酒如虎添翼。在法国的众多橡木桶公司中有一家数一数二的名厂，这就是传承到第四代、成为法国橡木桶骄傲且备受世界葡萄酒酿酒厂喜爱的弗朗索瓦·弗雷尔（François Frères）。

102 年岁月所造就的特别的橡木桶

从巴黎出发驱车大约三个小时，经过一片无限延展的橡树林就能看到一座小村庄圣罗曼。这座坐落于森林之中的雅致村落让人一眼就能明了村里的结构，沿着村里的小巷往前走，行经途中都很难遇到一个行人。在这座村庄，能看到人的时间是正午响起学校铃声的时候，到了放学时间，出来接孩子的大人以及结束课程后开心的孩子们会让这原本安静的村庄一下子热闹起来。

虽然这座村庄有些偏僻，但却一点都不寂寥，因为这里有着凭借橡木桶而成为村庄骄傲的弗朗索瓦·弗雷尔，设在村庄入口处并一直坚守此地 102 年岁月的弗朗索瓦·弗雷尔照亮了整个圣罗曼。

弗朗索瓦·弗雷尔通过制造橡木桶让这座小城闻名于世，这座拥有着很多橡树的村庄自然而然地从 100 年前就成为了橡木桶

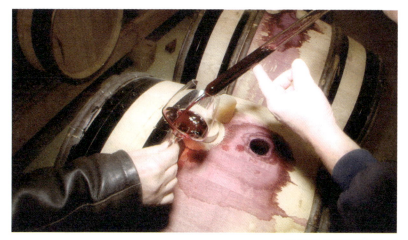

决定了红酒口感的橡木桶

制造的基地,弗朗索瓦·弗雷尔也是如此开始,并达到了现如今的地位。

在超越50年的时间里,第三任老板弗朗索瓦一直用他那朴实无华的双手制造着橡木桶,虽然将形色各异的木材连接在一起要耗费不少的精力,但从开始到现在他一直坚持手工作业,而员工们也原封不动地传承了他的这份坚持。

1910年由4名员工开始,在传承了四代之后,这里已经成长为全世界员工人数超过600人的公司,随着红酒逐渐受到大众的喜爱,公司的海外出口订单也骤增,品质优良的橡木桶受到了海外著名人士和红酒爱好者们的极大关注。

现如今法国橡木桶有五分之一都产自于这里,公司发展至今有两条坚守了100年的原则。第一是为了制作出可当材料使用的品质优良的木材,必须挑选优质的原木;第二就是完成橡木桶圆形的熏烤工作，这并不是单纯为制作桶的形态，而且对于酒桶中所承载的红酒会添加什么风味也起着至关重要的作用。

制造顶级橡木桶的法国产橡木

优质的橡木桶来源于优质的木材，为了制作出顶级的橡木桶，要选择木材中最顶级的材料，也就是说橡木比任何事物都要更重要。在红酒属性方面，法国产橡木能够缔造出最为浓郁的美味，因此波尔多和勃艮第等法国最顶级的红酒产地也只偏爱法国产的橡木。弗朗索瓦·弗雷尔之所以能发展到现如今的地位，也是源于他们对优质木材的坚持，即使面对艰难时期，公司也从未对材料的质量作出过妥协，总是只使用法国产的最高级橡木。

之所以制作橡木桶会使用橡木，因为橡木非常的结实，不仅方便制作，也很容易定型。从很久以前开始法国国王就很好地保护着森林，所以才能有如此多优质的橡木。

弗朗索瓦会亲自到森林里筛选工作中所要用到的橡木，法国的森林尤为多，而森林的三分之一都是橡树森林。为了寻找优质的橡木，整个法国几乎就没有负责木材的工匠菲利普·瓦伦所没去过的森林，乍一看全都差不多的树木在他的眼中各不相同，他也会仔细观察砍伐下来的树木。

用于制作橡木桶的橡木大部分都来自于树龄超过150年且直径超过一抱的树木，虽然外表看来细长的树木不错，但其实表里不尽相同，所以在砍伐整树时需要确认横截面。首先整树的外层皮如果太宽，就不太适合用来制作桶身，这是因为外层的木质太

制作橡木桶所用的橡木

干,最终都得舍弃掉。另外年轮的间隔过宽也不适合用来做橡木桶,年轮是能够知晓木材密度的重要尺度,只有一点点地将年轮密集的树木精心砍下来,才能做出优质的橡木桶。

在经过如此严密的检查后,合格的木材就会在瓦伦这里贴上公司的标识,被选中待用。

制作出优良产品的工匠之手

为了制作出橡木桶,一株橡树会分为四等分后使用,一般两株橡树能做出一个橡木桶。在砍伐整树的时候一定要用电动斧头,与其说是砍伐,倒不如说掰开更为合适,只有这样才能保留树木的纹理。

法国产的橡木会按照放射形,以及纹理的走向来掰,相反,美国产的橡木则要按照直角形态来砍伐，因为美国产橡木的组织细密硬实，所以就算这样操作，也不会让葡萄酒漏出来；相反，法国产的橡木没有如此硬实，如果在砍伐的时候不注意木材的纹理，很可能会让葡萄酒漏出来。即便如此，公司也不使用美国产的橡木，虽然如果使用美国产的橡木，就可以制作出更多的橡木桶，但在催熟葡萄酒香味的过程中，法国产的橡木能够缔造出更加芬芳的香味。

尽最大程度保留木材的纹理，将木材掰开后，一株整树上能够使用的部分只剩下 20% 左右。虽然获得的少而失去的多，但是为了获得收益，就绝对不能放弃绝佳的品质，这就需要通过下面的工作来尽可能地减少舍弃的部分。在计算机中输入直径，就能根据尺寸来砍伐木材，让桶身几乎没有损失的部分，如此做出来的桶身的木板宽幅各不相同，收集到 30 块这样的木板就完成了一个橡木桶。

桶身木板的尺寸各不相同，有宽的，中等的，或者更小一些的，需要交叉组合，制作成圆形的木桶，从定型的工作开始，工匠的手和感觉就成为了最重要的工具。在手工作业的部分，所需要的就只有锤子和打磨棒等工具。打磨棒是用来敲打圆形的边框，帮助圆形定型的工具，橡木桶的历史就从这些工具中开始。

用铁制的框架固定好支架，再将大小各不相同的桶身木板竖立起来，就能渐渐让橡木桶成型了。最后的一块桶身木板不能有一寸的多余或缺少，接下来的工作就是要收紧框架，填补木板与木板之间的空隙，为此就不得不开始动用锤子了。制作一个橡木桶足足需要敲打将近600次,没有一点坚持和喜爱之情,是很难完成这份工作的。

更何况即便辛苦仍然坚持用手来完成,这其中也是有原因的。因为如果戴上手套就很难抓起工具,也更容易打滑,所以这样反而会更麻烦,工匠的手上满是老茧,而伤疤也如指纹一般牢牢地刻印在了手上。

将桶身的木板聚集在一起做出橡木桶(上)
组合橡木桶时所用的工具(下)

为红酒的口感和香味增添浓郁的风味

敲打过无数次并实现定型的木桶就要进入更为重要的下一个阶段了,那就是完成和调整木桶的形态并制造香味的熏烤工作,这道工序是决定橡木桶品质的最为重要的阶段。熏烤总共分为三个阶段,第一步就是改变木材的性质,为橡木桶定型。

在打理木材的工作中,多半会认为需要避开火作业,但在这里火反而成了最重要的元素。这里会点上几团篝火,在橡木桶内用火盆进行加热,大火会将桶内均匀烤热,砍伐后多余的木材碎片也能成为不错的柴火。通过这道工序,橡木桶内就会渗透入浓

第三章 个性鲜明的百年老店

郁的橡木香，也会让木桶带上原木原本的香味，如此第一轮熏烤需要在保持大火的过程下进行20分钟左右。

当火烤的差不多后，这时候就需要用到水了。为了防止橡木桶内侧的木板被火烧着，需要用水将其浸湿，橡木桶的外围也会抹上水，这是为了在进行熏烤的同时，让橡木桶形成非常完好的圆形，水火相遇所形成的水蒸气，会让木材变得更加柔软。

第一轮熏烤结束后，就要用机器慢慢调整下面的部分，这时候木材可以弯折，并不会断裂。橡木桶并不是一开始就是这种圆桶形状的，原本橡木桶是四方形的，为了运输方便，才将其弯折成了圆桶的形状。

已经初具雏形的橡木桶需要在小火上慢慢烤制，这就是第二轮熏烤，此时和一开始不同，是在小火上开始的，用小火慢慢熏烤，要防止木材之间缝隙过大或扭曲，让木桶变得更加坚固起来。此时最重要的是需要慢慢升温，在小火上慢慢烤制的工序会让橡木桶渗透一种独特的香味。

以较低的温度开始，之后再慢慢提升温度熏烤的这种技术，是弗朗索瓦·弗雷尔所独有的秘方，而且还需要根据外面的天气调节火。比方说，从5度开始熏烤和从15度开始熏烤就是不一样的，为了给顾客提供相同的产品，需要考虑各种各样不同的条件。将火调控到一定的温度是熏烤的关键，但对于多年来一直与火为伴的工匠而言，他们自己的感觉就是温度计。

熏烤出最顶级的橡木桶的工作就如同制作一道料理，不仅需要优秀的食材，而且操作完善的制作方法也是至关重要的，就算

在橡木桶内用火盆加热的样子

原木再好,如果在熏烤时没有调节好火候,就无法做出优质的橡木桶。

熏烤的最后过程就是为橡木桶增添各不相同的香味,这是三个阶段中火候要求最猛烈的,火的强度和时间决定了橡木桶的香味。根据熏烤程度的不同,可以收获各种丰富奇妙的橡木桶香味,有香草味、咖啡味、烤面包味等。

木材的香味也造就了红酒丰富多样的风味,所以这道工序也是最为让人倾注心血的,正因为此,在熏烤木桶的时候人们的视线一刻也不能离开。火候调节和熏烤技术是弗朗索瓦·弗雷尔独有的秘方,决定了红酒风味的熏烤正是弗朗索瓦·弗雷尔能够传承 100 年的力量的源泉。

三个阶段全部结束后,橡木桶才能够最终完成,长时间在炽热的火光中烤制的木桶内仿若萦绕着一股淡淡的咖啡香。根据烤

多次的熏烤工作用以提升橡木桶的品质

制程度的不同,熏烤可以分为三种,轻度熏烤会散发出最为雅致清淡的香草香,而散发出甜美可可香的中度熏烤会带来可可香或焦糖香,用于催熟一般的红酒。

相应地,带有浓烈香味的重度熏烤适合催熟浓缩红酒。重度熏烤会散发出炒制过的咖啡香味或烤肉香。可是每个顾客对于熏烤程度的要求都是不一样的,根据地域、土壤、葡萄的种类甚至是葡萄栽培者的喜好,都会有所不同,有些顾客喜欢熏烤的香味,而另外一部分顾客则比较倾向少些木材味多些水果味,因此所有的橡木桶都会根据顾客的需求来制作,让橡木桶凸显而非遮掩红酒的香味,这就是他们最大的希望和目标。

提升了木材品质的自然烘干方式

从为了获得优质的原木而对森林开展管理,到红酒生产厂家的建议，之所以能够拥有如此幅员辽阔的制作环境，这一切全都是建立在了公司位于圣罗曼这一地区的基础上。圣罗曼附近有许多橡树森林，对于大量获取橡木桶材料而言，并没有什么太大的难度，不光是地理上的优势，圣罗曼甚至还兼具着制作橡木桶所需的最佳的环境和气候条件。

圣罗曼地区拥有着适合对原木进行自然烘干的绝佳

结束验收过程之后贴上的黄色铭牌（上）
刻在橡木桶上弗朗索瓦·弗雷尔的标记（下）

气候和条件，因为这里地处高地，所以存在着丰富多样的气候，而这周围不仅没有喷云吐雾的工厂，也不存在高速公路，空气非常的清新，可谓是拥有了能够生产出顶级产品的完美环境条件。

每天之中阳光和雾气会交错多次的圣罗曼的气候对于橡木的干燥而言是再好不过的了，在森林中筛选好并完成砍伐的木材会从那一刻就进入干燥时间。为了消除木材里的水分，去除鞣酸成分，一定要进行自然烘干。

当然如果在室内进行烘干应该会更快一些，但却无法去除鞣酸。如果不能去除鞣酸，就会残留许多味道，有些公司也会人为地往上面浇水，因为在浸湿的状态下反复进行烘干，不仅能加速烘干而且还能洗刷鞣酸。但是这种为了缩短时间的人为烘干方式却无法收获最佳的材料，会相对地折损品质，只有完全在室外阳光和风雨下自然烘干的木材，才能造就绝佳的品质。烘干过程短则一年长则超过四年之久。

工坊里有一些 2007 年 11 月就拿回来的木材，这些是为美国酿酒厂的顾客所准备的，现如今已经超过四年，很快就要到第五年了。在室外风吹雨打了四年的木材一眼就能让人感受到岁月的厚度，按照酿酒厂提前下的订单，木材上都会标示出各家酿酒厂的名字和干燥时间。随着干燥的时间的加长，颜色就会发生改变，木材强烈的味道也会消散，时间的流逝并不是毫无意义的，它在木材上留下了痕迹。严选优质木材，并将木材的品质提升到最顶级的这种自然烘干方法是弗朗索瓦·弗雷尔能够创造出顶级品质的另一大秘诀。

在烘干场地堆积的巨量木材就是弗朗索瓦·弗雷尔多年来所积累的努力的果实，虽然这里每天一般可以生产多达 130 个橡木桶，但这每一个橡木桶上都等同于蕴藏着数年的时间。

超越法国，走向世界

为了确认切割完好的橡木桶是否存在异常，最后会经过彻底的验收过程，只有具备催熟红酒的资格，才能贴上黄色的名牌，这个名牌就是完成的橡木桶的信息。从容量到采用了烘干几年的木材，从年轮如何到熏烤到什么程度，甚至注入口的直径是多少等等信息，都会记录在上面。一言以蔽之，这就相当于是橡木桶的身份证。

从烘干时间到木桶的大小，橡木桶在完成前都需要按照酿酒厂的订单来制作，而最后就会在橡木桶上刻上公司的名字，弗朗索瓦·弗雷尔这个名字本身就代表着

第三任老板让·弗朗索瓦（右侧）

骄傲。为了防止橡木桶的损坏，这项工作会在完成空气填充工作之后进行，现在橡木桶就只等和刚刚酿好的红酒见面了。

酿酒厂一般都会在葡萄收获季节的三个月之前订购橡木桶，在收获好葡萄之后开始进行催熟时，制作的橡木桶是最多的。但是在葡萄收获季结束之后，弗朗索瓦·弗雷尔依然会制作橡木桶，因为他们的橡木桶不仅出售到法国，还出口到智利、阿根廷等葡萄收获季节不同的南美国家。

随着全世界红酒的大众化，橡木桶的需求也大幅度增长，催熟最高级红酒的弗朗索瓦·弗雷尔的橡木桶订单也是接连不断。因为橡木桶需要亲自看过之后再下单，所以酿酒厂的顾客会亲自来访公司观看制作过程，甚至还会仔细查看木材的状态，顾客的访问并不止于公司，他们还会聚集在让·弗朗索瓦老板的家中，一起用餐饮酒，这是他为了向顾客展示橡木桶中所催熟的红酒而特意准备的饭局。

他会取出各种不同的葡萄酒，让顾客品尝口感，并让顾客比较哪种香味更好。橡木桶内到底产生了什么作用，红酒到底经历

了怎样的过程，这些都会由这一口红酒告诉对方，而且当口感绝佳时，他们还会说这是"天使在橡木桶中留下的痕迹"。

红酒中有着让大家齐心协力的力量，虽然这是工作，但在品酒的同时，弗朗索瓦和顾客们一同度过了愉快的时光。

不管面对什么样的状况，弗朗索瓦·弗雷尔在制作橡木桶的问题上从未对信念做出过半分让步，这就是他们能够成长为代表法国的橡木桶公司的竞争力。

怀揣着如橡木般坚实的信念梦想未来

在弗朗索瓦·弗雷尔工厂工作的员工有40多人，上班时间是早上7点30分，严守工作时间是公司所制定的原则。等到一天工作结束之后，员工们会齐齐拥到公司外，正因为认真地完成了一天的工作，大家的脚步也异常轻松愉悦。不光是这个村庄，对于这一带而言，公司都是他们重要的生活基础。自己认真工作所做出的橡木桶可以用来催熟红酒，而且这些催熟的优质红酒还能让众多的人享用，对于这一事实员工都备感骄傲，能在自己亲手制作的橡木桶中诞生出世界级的红酒，是件非常让人满意的事情。

第三任老板让·弗朗索瓦一有空就会去一个地方，那就是位于公司地下的一处地方，虽然现如今这里被用作宴会场所，但100年前这里是公司的历史所开始的地方，可以说这里才是真正的勃艮第中心。多年来这里一直被用作橡木桶的贮藏地，而这里也是第三任老板和他的祖父，也就是第一任老板最开始一起制作

为了制作出全新的橡木桶,弗朗索瓦·弗雷尔通过开发会议持续不断地展开思考

橡木桶的地方。

进入这个地方,心情也会变得仿若回到了当年,继承祖父和父亲的衣钵,开始制作橡木桶的弗朗索瓦还珍藏着100年前的工具,并以此回忆过去。从出生就和橡木桶一起长大的弗朗索瓦十四岁就进入了橡木桶学校,继承父亲的家业将一家小公司发展壮大,现在他正在和儿子杰罗姆一起创造着全新的100年。

今天弗朗索瓦·弗雷尔正准备着全新的尝试,有关实用性和艺术性兼具的全新橡木桶的开发问题会议讨论正酣,正如橡木桶也在随着时代所改变一样,102年的历史也不能只停留在一个地方,但是不能改变的则是橡木桶应该承载的基本原则。

正如装载着红酒的橡木桶在尽忠职守一般,弗朗索瓦也希望自己能够成为这样的人,而对于他而言还有一个长久以来的希望。

"我的希望就是我们法国的森林能够继续种植出优质的橡树,

我觉得橡木真的是拥有着优秀品格的材料，希望森林能够继续保持下去，让后代也能像我们这般很好地使用橡木。"

怀揣着如橡木般始终如一的信念坚守了 100 年的弗朗索瓦·弗雷尔，也会如这为了红酒的红润光泽和芬芳的香味坚持了漫长岁月的橡木桶一般，凭借着 100 年的韧劲和坚持继续发扬壮大的。

弗朗索瓦·弗雷尔的成功秘诀

1. 最顶级的法国产橡木

102年来弗朗索瓦·弗雷尔一直只坚持使用法国产的顶级橡木。和美国产橡木相比，法国产橡木虽然只能做出一点桶身木板，但却拥有着绝佳的条件，能够在催熟红酒时增添浓郁的风味，另外不光针对整树的外表，对横截面所看到的外皮的厚度和细密的年轮等橡木的品质也都要进行仔细的检查。

2. 自然烘干催熟方式

最顶级的橡木会经过1至4年的自然烘干，这也是公司的铁律，这是为了消除橡木里的鞣酸，在催熟红酒时造就绝佳的香味。

3. 烘烤橡木桶的顶级熏烤技术

完成和调整木桶的形态以及制造香味的熏烤工作是决定橡木桶品质的最重要的阶段，在熏烤工作中要求具备细致的火候条件、注意力和判断力，作为弗朗索瓦·弗雷尔的诀窍，这也造就了顶级的橡木桶。另外决定了红酒风味的这项熏烤工序也是弗朗索瓦·弗雷尔能够传承100年的力量的源泉。

4. 根据顾客的要求制作

弗朗索瓦·弗雷尔会根据红酒酿酒厂的需求来承接订单制作橡木桶，因为根据地域、土壤、葡萄的种类以及葡萄栽培者的喜好等，顾客所想要的橡木桶的种类都会有所不同，根据顾客的订单制作而成的橡木桶收获了超高的满意度，店里也因此源源不断地收到来自全世界酿酒厂的召唤。

店铺信息

地　　址　21190 Saint Romain, France
官网主页　www.francoisfreres.com
电　　话　+33-3-80-21-23-33

创造出无限光芒的玻璃

美国花窗玻璃
科克摩乳白玻璃

"手工作业所制作的不完整造就了产品的独特和美丽。"
——科克摩乳白玻璃第四任老板理查德·艾略特

教堂兼具采光和装饰作用的花窗玻璃

位于美国中东部的印第安纳州的小城科克摩是一座人口大约为 5 万人，汽车配件和钢铁行业发达的城市。在这座幽静的小城，屈指可数的名胜便是圣帕德里克教堂。这座拥有着超过 100 年历史的城市的最为古老的教堂，因为环绕整座教堂的美丽花窗玻璃而闻名。

通过这些兼具采光和装饰作用的花窗玻璃所透射进来的阳光非常的奥妙神秘。为了观赏这一幅幅好似艺术作品的花窗玻璃，每周都有无数游客来访，数百名学生前来参观学习，还有很多来自其他地区或其他州的游客。在进行周末弥撒时，人们一眼就能看出那些来观光花窗玻璃的游客，他们总是不停地对周围的窗户发出感叹，在结束弥撒后又忙于拍下窗户的照片。

科克摩市民认为教堂会在这里是对这里的祝福，而且他们也珍爱着这座教堂的花窗玻璃，就好像是这每一块花窗玻璃都有着自己的故事一般。通过窗户创造出光线神秘效果的花窗玻璃是教堂不可或缺的装饰物，这五彩斑斓的光之飨宴之所以能够成为现实，都是因为这座城市里的一家玻璃公司所制作的玻璃。科克摩这座小城备受祝福的玻璃公司就是科克摩乳白玻璃（Kokomo Opalescent Glass），以下简称KOG。

KOG创业于1888年，迄今为止已经传承了124年的历史，也是科克摩这座小城的骄傲。KOG不仅生产承载着美丽色泽的平板玻璃，同时还生产手工制作的玻璃工艺品。为了一探这里的产品，全世界的人都前来科克摩。世代相传的工匠、漫长岁月所流传下来的制造技巧以及手工作业的方式，使得KOG拥有了其他地方无法比拟的竞争力。

打造美丽的双手的力量

KOG的平板玻璃不仅在美国销售，而且还出口到全世界，特别是教堂和教会比较多的欧洲，成为了他们的主要客户。装饰着罗马梵蒂冈教堂的华丽花窗玻璃就是KOG的平板玻璃，世界著名的游乐园迪士尼也只使用KOG的玻璃，另外美国的空军军官学校、华盛顿州议会的会议厅等美国的著名建筑物也都为装饰采用了这里的玻璃。

公司开始于一个机缘巧合的事件。1886年科克摩地区喷出了巨量的天然煤气，随着免费燃料的产出，这里形成了无数工厂，KOG也是其中之一。

KOG 的玻璃全都是通过手工作业制作的

曾是企业家的彼得·胡斯、威廉·布莱克利奇、约翰·莱纳三人联合开始创业，仅靠一年的时间就名扬全世界。到 20 世纪中期，对于 KOG 而言几乎是没有竞争对象的，因为在美国制作平板玻璃产品的公司就只有一两家。

从 20 世纪初开始，长达半个世纪的时间内，在花窗玻璃领域，除了 KOG 几乎就没有其他公司存在过，更何况 KOG 生产的是具有独创性的产品。这项技术是很难模仿的，正因为此公司才能得以维系美名。

自 1888 年开门创业以来，124 年中，KOG 一直保持采用始终如一的手工作业制作玻璃。为了收获独创性，这里一直坚持只采用手工作业的方式。因为每一块玻璃都是手工制作而成，所以都各不相同，保留着每一块的独特性。正因为这些玻璃不是机器而是人手工制成的，所以才能诞生出能够打动人心的美丽。这其

在鼓风炉的窑炉中熔化的材料

中没有哪块玻璃是相同的，因为是在汗水浸润下完成的拥有独特之美的玻璃，所以价值非凡的不完整胜过了完美，造就了独特的美丽。

通过这些色彩斑斓的华丽玻璃窗折射出的光芒呈现出一种无限的美丽，KOG 所完成的色泽的美丽是经过 124 年漫长时间所形成的，KOG 的玻璃在时间的打磨下更加光彩动人。

每一块玻璃都有着细微的不同，有些上面有小气泡，有些表面有斑纹，因为所有的玻璃都是通过手工作业借用搅拌棒搅拌并放入滚筒之中的。手工制作的这种不完整造就了产品的独特和美丽。独特的双手造就了独一无二的玻璃，因此理查德老板喜欢这种方式，也并不觉得有任何改变的需要。

通过团队协作完成的平板玻璃

这里的主打产品是用于建筑物的采光用平板玻璃。为了制作平板玻璃，需要根据顾客的订单，将先行配比好的材料放入鼓风炉的窑炉里，鼓风炉的温度需要保持在平均 2500 度左右。当材料熔化后会流出，或者需要用巨大的捞勺捞出，此时会两人一组来转移材料。

玻璃从鼓风炉中出来的那一刻，很快就会降温，所以此时最重要的是时机和团队协作，另外在非常短的时间内适当搅拌也是相当重要的工作。

从鼓风炉中取出的材料会按照工作流程转移，直到混合工匠的搅拌工序为止。所有步骤都需要在 30 秒内完成才行，这是为了让熔解的玻璃不形成结块，这也是制作玻璃时最为重要的工作。30 秒后就什么都做不了了，所以需要快速恰当完成工作的瞬发力。一旦过了时间，不仅无法制作出完整的纹路，而且在经过滚筒之前玻璃就会凝固，如此一来便大大不妙了。

在正确的时间点经过滚筒后，就能制作出厚度约为 2.5 厘米的平板玻璃了。为了制作出这样一块品质优良的平板玻璃，员工们片刻都不能停歇，在每个混合工作之后，也只能休息 30 秒而已，员工们会每隔 15 分钟交班工作，每天需要如此奔波 150 分钟左右。在举着捞勺奔跑的时候还有一样需要坚持的原则，那就是需要持续转动捞勺，从而使得边缘部位形成水波的纹路，这把捞勺可不是单纯用来转移相同材料的。

每把捞勺的大小都各不相同，根据制作内容的不同，使用的捞勺也会不尽相同。根据平板玻璃上要做出几种颜色来，各种颜色分别需要多少，都会使用到尺寸完全不同的捞勺。如果只要制作出一种颜色，就使用大捞勺，而如果需要在此基础上添加其他颜色，就需要用大捞勺做基本颜色，而采用一些小捞勺制作其他颜色。

比方说，如果要制作以黑色为基础背景的玻璃，那就要选用能够做出褐色玻璃的大捞勺转移，而如果要在此基础上增添白色，就要用小捞勺捞出白色玻璃溶液。一块平板玻璃中所能添加的颜色少则一种多则五种，捞勺的数量就代表了颜色的种数。

鼓风炉内的窑炉总共有 12 个，每个窑炉分别放置着颜色各不相同的玻璃材料，捞出颜色各不相同的玻璃后，为了在其表面做出纹理，就要将其放置在工作台上。工匠会根据黏度来调节搅拌的速度和方向，从而制作出纹路，一块独一无二的平板玻璃就诞生了。KOG 平板玻璃表面的颜色是无限的，哪怕只有一种颜色，其色泽也是千差万别。这种色泽、明亮度以及质地绝非机器能够完成，只有手工才能造就。

和塑造平板玻璃颜色的工作一样重要的就是玻璃的强度。经过滚筒的平板玻璃不会一下就凝固，而是会经过慢慢冷却的过程。因为一旦突然将高温玻璃进行冷却，玻璃很可能会破碎。每经过一道机器，温度就会降低 100 度，如此达到慢慢冷却的目的。像这样经过 45 分钟后，就制成了强度坚韧的玻璃。慢慢冷却之后，不仅玻璃的强度会得到提升，而且也更容易切割。因为平板玻璃主要用于装饰，所以一定要方便切割才行。

无限想象力成就的色泽的艺术

在印第安纳波利斯市的玻璃工艺工作室福克斯工作室就是从 1971 年以来一直与 KOG 玻璃的合作的客户。这里主要制作的是花窗玻璃，特别是会在宗教建筑物中使用 KOG 的平板玻璃，其他的制造业者无法制造出他们想要的美丽的花窗玻璃的形态。

在超过 100 年的漫长岁月里，只有 KOG 能够做出这样的形态，这家玻璃工艺工作室需要用于制作各种不同款式的窗户的丰富多样的玻璃，这其中用于宗教作品的玻璃，又或者是教会之类的地方所使用的玻璃，就势必要使用 KOG 的玻璃。

当有光线穿透时，便能体会出 KOG 平板玻璃的真正价值。比方说乍一看是一块普通的白色玻璃，但当有光线穿透时，就会转变为金色，呈现出一种普通白色玻璃上看不到的色泽。玻璃的独特色泽和质地会让光泽变得更加美妙，营造出一种朦胧而又神圣的气氛，这就是只有 KOG 才有的技术。因此 KOG 的玻璃能够根据美丽的阳光产生变化，这就是他们的玻璃和其他玻璃相比的不同之处。而 KOG 的平板玻璃还有一个特点，那就是即便进行过二度加工或经过长时间岁月的洗练，也依然能够保持其原本的色泽。因为这并不是像花窗玻璃一样在玻璃表面增添色泽，而是玻璃本身的色泽。

KOG 走过的 124 年也记录了平板玻璃走过的历史。为了帮助顾客做出选择，这里提供了无数的平板玻璃样品，而从其中就能看出，即便是相同的色系也能在明暗度和色彩度上做出些许不同。

写有颜色配比过程的秘密笔记

理查德老板最常被问到的问题之一就是能够做出多少种颜色的玻璃。其实在这一点上并没有固定的数目，所谓的玻璃颜色就如同油漆一般，只要是心中所想的颜色，几乎都能通过各种颜色的混合来实现。所以理查德老板给出的回答是能够做出无限种。但即便如此，为了能够反复生产相同的颜色，他依然保管着写有数千种制作方法的文件。

配比颜色的工作室是个拥有着创造出无限颜色的秘密的地方，颜料的配比建立在精确计算的基础之上。而在拥有 34 年经验的颜色配比工匠杰瑞·艾森手中，就有着多年失败经验所累积完成的秘密笔记。虽然其他公司也想制作出类似 KOG 的产品，但这套制作方法是公司的机密，KOG 的产品拥有着 2700 种不同的颜色。

等到工匠完成颜色的配比之后，就会在此基础之上混合八种

KOG 正在保管的无数平板玻璃样品

用于制作玻璃的基本材料。从 100 多年前开始,硅砂、苏打灰、碳酸钙等基本材料就一直沿用到现在,特别对于印第安纳州而言,这里的矿山资源非常丰富,因而能够获得不错的沙石。公司拥有着 19 个质地不同的滚筒和 7 种密度不同的玻璃,将这些完全组合后就能够制作出 300 万种不同的平板玻璃。

让 KOG 能够延续 124 年的力量就记录并代代相传在颜色配比秘方的历史之中。19 世纪后半期参与到这项事业中的先辈们记录下的书籍现如今已经非常古老陈旧,且书籍封面大多磨损了,但它们依然是现在参考的珍贵资料。特别是在想要寻找多年未用过的制作方法或是玻璃工艺工作室的客户想要复原过去的玻璃时,这些书籍就变得相当有用了。漫长的岁月里,无数人的想象力创造出了 100 万种颜色,而正是因为这些技巧都被一一记录在册,所以现如今我们依然能够看到那美丽的光泽。

走近大众的身边

KOG 不仅生产产品，还根据特点和水平设置了从新手到专家阶段的丰富多样的玻璃制作课程，甚至他们还和当地的大学合作开设课程。另外公司也运营着参观学习项目，并将公司的历史和产品更广泛地推向国内外的游客。随着这里名声鹊起，来访工厂的人也越来越多，KOG 工厂的参观学习项目甚至被包含在了印第安纳州的观光行程之中，当然公司的成功也给小城科克摩带来了不小的影响。随着全世界游客的来访，这座城市也远近闻名起来。

随着来访科克摩的人越来越多，1998 年公司进行了全新的尝试。在制作平板玻璃的同时，他们也开始制作丰富多样的玻璃工艺品出售，碟子、花瓶、装饰品、照明灯等，现如今顾客也能获得自己专属的玻璃了。

制作玻璃工艺品的工坊是单独设立的，装饰用玻璃的特征依然是 KOG 特有的丰富多样的颜色。从开始制作工艺品的 14 年前就和 KOG 结缘的约翰·沃尔夫曾是一名教授玻璃工艺的大学教授，现在这里的工艺品全都出自他之手，用嘴吹出来铸造而就的玻璃工艺品也是。每件产品设计各异，正是因为这些独特的设计，使其人气火爆，占据了全部销售的 20% 之多。在颜色和设计上没有任何限制，这对工匠来说也是一个激励，约翰·沃尔夫就能开心地自由创作，他会在这里完成设计并负责这里的工作。

KOG 的平板玻璃最开始获得认可是在宗教建筑物上，现在在公园或普通的家庭装潢中也颇受瞩目，虽然这里主要的产品是有色的平板玻璃，但也同时生产着其他用途的尺寸和形状各不相同的玻璃。这里还对100多年来所累积的玻璃制造技术善加利用，生产着建筑或设备上所需要用的玻璃。

建筑用玻璃需要在加热箱中凝固两天才能提升其强度，像这样制作出的成品被称为透明镜片，被用于华盛顿的地铁天窗中。

随着KOG开始宣传自己的玻璃能够用于更为广阔的领

丰富多样的玻璃工艺品

域，现如今其玻璃也被广泛地应用于实际生活之中，从天窗、喷泉、瓷砖等平板玻璃到装潢玻璃，使用途径丰富多样，市场也不断得到了拓展。KOG并没有止步于现在，而是为了宣传美丽的玻璃，持续进行着全新的尝试和研究，相信不断开拓领域的KOG日后也会保持变化。

光亮之窗那边的人们

唤醒沉睡都市的一直都是KOG工厂的灯光，虽然现在为时尚早，但工坊已经开始忙碌了起来。工作时间从早上6点开始，根据玻璃制作出的时间，下班的时间也各有不同。一般来说会在

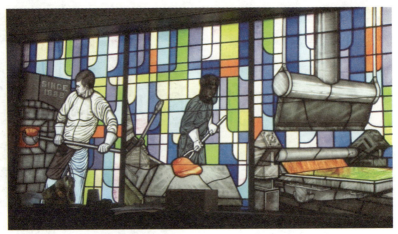

创造出玻璃艺术的 KOG 的成员们相当自豪

正午到下午 1 点之间结束,因为早上很早就开始工作了,所以产品能够迅速制作完成,更何况为了在夏天避开炎热的天气,都会从很早的清晨开始。

工坊第一件工作就是替换制作平板玻璃所需的滚筒。根据当天订单的内容,滚筒的种类也会有所不同,滚筒决定了平板玻璃的质地和纹理。KOG 所拥有的滚筒足足有 17 种,根据顾客的要求,可以制作出各式各样的平板玻璃。在工作时间之前,将鼓风炉里的玻璃取出确认是工厂厂长弗兰克·怀特的重要任务。

因为可能会产生玻璃密度不够高等问题,这种情况下就需要将熔化失误的玻璃再次从鼓风炉中取出,放入水中凝固,即便材料有误也不抛弃,等到凝固硬实后还可以用来制作工艺品或装潢用玻璃。

在一间狭窄的办公室中,怀特在一本充满岁月印迹的笔记上记录着技巧，而这段岁月已有47年。正如那从未熄灭过的鼓风炉一般，他和他的家人见证着这家工厂的历史。

他的家人在这家工厂里工作了80年，从他的祖父开始就是如此，他的叔叔也在这里工作了超过20年，而他的丈人和姐夫也是一样。将他带到这里的就是他的丈人，不仅如此，怀特的女婿、儿子甚至远房亲戚都在这里工作，他家中的无数人都将这里作为了生活的基地。对他来说，KOG无异于就是一个家，而理查德老板也将怀特当成家人看待，很久之前还曾是青年的两个人所奉献的热情让鼓风炉一直保持滚烫，并炙烤出了成果。

虽然鼓风炉的寿命很长，但里面的窑炉却要定期更换。一般来说到三个月窑炉的寿命就殆尽，所以需要备着多个窑炉待用。如果推迟交替，就会给工作带来差池。在替换之前，新窑炉一定要在一个星期里慢慢加热才行，若非如此，直接放入鼓风炉时窑炉很可能就会碎裂。

虽然这份工作需要时时保持警惕，而且必须要甘愿忍受在高温热火前的辛苦劳作，但正因这份代价值得付出，才让人甘愿承受。怀特觉得在这里工作让他非常骄傲，每每出门旅行，他都能看到KOG制作的玻璃，一想到"是我制作的那块玻璃"，他就会非常兴奋。自己亲手制作的玻璃能够在全世界各地看到，确实是件令人开心至极的事情。

在KOG工作的员工认为自己是世界上最顶级的艺术家，包括理查德老板在内。造就了现如今KOG的成员们从未认为自己是在做生意，而这份创造了美丽玻璃艺术的自豪感和信念世代相传至今,而这种精神奖励正是让大家能够继续坚持这份辛苦工作的力量。

光芒之所以美丽,是因为它照亮了四周。KOG的玻璃其自身的美丽就拥有着足够的价值,不仅如此,它还让周围都充满了美丽的光芒。用无限色彩为光芒增添生命力的KOG的玻璃之所以会美丽,正是出于光芒那边的人们。

科克摩乳白玻璃的成功秘诀

1. 造就美丽光芒的技术

KOG 的平板玻璃有一个特点,那就是即便进行过二度加工或经过长时间岁月的洗练,也依然能够保持其原本的色泽。因为这并不是像花窗玻璃一样在玻璃表面增添色泽,而是玻璃本身的色泽。用传承了 124 年的制造秘方造就的 KOG 的平板玻璃被用于世界著名建筑物,以美丽的色泽而著称。

2. 没有界限的颜色配比

从 KOG 所制作的无数平板玻璃样品来看,即便是相同的色系也能在明暗度和色彩度上做出些许不同,所谓玻璃的颜色就和油漆相似,只要是想要的颜色,就几乎都能用颜色的混合来实现。颜料的配比在精确计算的基础之上,也是用多年实验失败所总结出的 KOG 独有的秘方来完成的。

3. 和当地社会共成长

KOG 不仅在进行着丰富多样的玻璃制作,而且还和当地大学合作开设课程。另外公司也运营着参观学习项目,并将公司的历史和产品更广泛地推向国内外的游客。随着这里名声鹊起,全世界的游客都来到了小城科克摩。

4. 进入全新的领域

虽然有色的平板玻璃是 KOG 的主打产品,但他们并没有止步于玻璃制造公司,同时还生产着其他用途的尺寸和形状各不相同的玻璃。他们展现了天窗、喷泉、瓷砖等玻璃可以实现的丰富用途,实现了领域的扩展,从平板玻璃到装潢玻璃的使用,公司的玻璃制品也越来越贴近实际生活,在拓展市场的同时取得了更好的发展。

5. 造就美丽的信念和热情

虽然这份工作需要时时保持警惕,而且必须要甘愿忍受在高温热火前的辛苦劳作,但之所以能够在数十年来和家人一起工作,正是因为这份代价值得付出。大家的身上有着认为自己是艺术家和亲手制造了装饰全世界的平板玻璃的自豪感,他们的热情足以让 KOG 的鼓风炉传承超过 100 年。

店 铺 信 息

地　　址　　1310 South Market Street IN 46902, USA
官网主页　　www.kog.com
电　　话　　+1-765-457-1829
营业时间　　周一至周五 9:00-17:00（周六 9:00-13:00）

| 后记 |

为什么韩国的店铺不能传承 100 年？

KBS 的《百年老店》在过去一年的时间里，分析了世界各地长寿店铺的竞争力，勾勒了我们韩国店铺的自画像。

我们的现实是怎样的呢？根据《福布斯》调查的资料显示，在全世界产业市场之中，超过 100 年的企业里美国有 152 家，英国 41 家，德国和日本分别有 24 家和 45 家，而韩国只有斗山集团和韩国电力公社这 2 家。产业专家表示，从今起 10 年后，这些企业之中只有 30% 能够维持现如今的核心产业，其余的 40% 很有可能会被其他企业收购或兼并，而剩下的 30% 则可能从市场上消失，所以比这些企业还要更小的中小企业是更加难以维系 100 年之久的。

在市场上，消失于历史尘埃之中的企业数不胜数，曾写下不败神话的大宇集团在亚洲金融危机的冲击下也支离破碎，传承了 100 年的无数小企业也接二连三地倒闭，家传的事业也纷纷遭遇了断代的悲剧。

虽然未能收录在本书之中，但KBS《百年老店》节目也曾挖掘并播出了韩国的11家店铺，但实际上其中传承了超过100年的"百年老店"仅有6家。估计是在经历日帝强占期和韩国战争期间，许多店铺都失去了命脉的传承。在这种历史性危机和断层的打击之下，能够坚持下来并传承100年的店铺实属罕见。

那么韩国的百年店铺还能继续生存下去吗？

"李明来膏药"于1906年开门营业，作为疖的治疗药剂，以出色疗效闻名的"李明来膏药"也更换了招牌，因为制造业传授的困难和继承人的问题，公司难以维系经营。1916年开业的"钟路西服店"由于大厦开发而搬迁了店址，虽然一直在保持营业，但同样也遭遇了经营上的困境，由于市场上现成西服的出现，想要定制西服的人越来越少。韩国所残留下的最后的火柴工厂"城光蜡烛工业社"依然在生产着进入夕阳产业的火柴，因为人们依然坚信这些具有历史意义的火柴不能消失，可是考虑到现如今的状况,也许这些火柴也会在某一天消失。

为了这些未能传承100年、消失在岁月尘埃中的珍贵店铺,我们能做些什么呢?

法国从2006年开始正式推行长寿企业支援政策,为了让多年的店铺存活发展下去,法国的EPV活文化遗产企业国家委员会从政府层面为企业提供各项优惠政策,比如减免税收、鼓励出口等,主要的目的就是帮助这些企业实现可持续发展,实现人才的雇用和创造财富价值,向海外推广法国经济文化的优越性。

想要在韩国也出现超越100年的企业和店铺,除了自发性地建立成果之外,还需要当地社会和国家的关注。京畿大学经营专业研究院的严吉青教授表示,我们之所以要创造出老店,其原因需要从社会层面进行展示,也就是说,现如今已经发展到了城市本身必须要成为商品的时代。外国人来到我们国家的城市或村庄,终究还是为了寻求当地的名胜古迹,拥有100年象征性历史的店铺已经超越了经济价值，而是成为了一种高贵的文化，所以培养老店，从国家的层面来看，其收益也是超越了有形无形的价值和时间的。

海外的百年老店不仅拥有着自身的努力，同时当地社会和国家也深知其珍贵，陪着店铺一起走过了百年、千年，通过他们所拥有的竞争力、政府的政策以及和当地共存的景象，日后韩国也能描绘出和老店一起并进的未来。

希望大家能够以本书中所介绍的世界老店和消失在街头巷尾的韩国店铺的印迹为鉴，发现长寿店铺生存的秘诀和隐藏的经营之道。

然后我们再一次地怀揣希望，也许现在正有一些店铺在某处迈出了自己的第一步，希望他们也能在100年后依然在那里保持着自己的热情。